FX
の稼ぎ技
―日米金利動向編―

standards

はじめに ——
成功を掴む 為替のプロ直伝!
FXテクニックが満載

「FXでもっと勝てるようになりたい」「FXで成功するための秘訣を知りたい」——そんな思いで本書を手に取った読者の方は多いのではないでしょうか。

為替相場は、ヘッジファンドのような巨額の資金を動かす大口トレーダーや、数十万円を元手に取引する個人投資家まで規模、キャリア問わず、さまざまな市場参加者が同じ土俵に立っています。

こうしたなか、運だけで勝ち続けることは不可能に近いですし、知識があっても、それを活かす方法や資金管理、メンタルなどが揃わなければ大きな損失を被ってしまう可能性があります。

しかし、これらを習得し、トレーダーとして成長することができれば、大きな実りとなります。そのためには小さなテクニックや技術などを積み重ね、実践しながら検証していくことが必要です。

本書はそうした「実用」に耐えうる、成功トレーダーたちが実戦しているテクニックを紹介しています。

テクニックを教えてくれるのは、実際にトレーダーとして活躍する、もちぽよさん、Dakarさん、川崎ドルえもんさん、平野朋之さん、そして経済アナリスト・ストラジストとして活躍する江守哲さん。

さらに、巻頭では江守さんとアナリスト陳満咲杜さんの対談が実現。アメリカのインフレや歴史的な円安など、波乱が多かった2022年の為替相場を振り返り、日銀の動向など、2023年での注目ポイントを解説していただきました。

FXはリスクの高い投資だと避けられることも多いですが、経済が不安定ななかでも、利益を上げられるのがFXの強みです。

本書に掲載しているテクニックを自分なりに検証し、普段のトレードに新しく加えるなど模索して、ぜひ、あなたのトレードに役立ててください。

『FXの稼ぎ技 日米金利動向編』編集部

プロフィール

川崎ドルえもん［個人トレーダー家］

建築現場や工場での仕事を経て専業トレーダーへ転身。500回以上の検証を重ねて独自の「グルグルトレイン注文」を開発。また、自身のSNSでは独自に分析したアノマリーなどを公開している。

ブログ https://kawasakidoruemon.com/
Twitter https://twitter.com/kawasakidoruemo

Dakar［実需筋兼個人トレーダー］

16年間メーカーの外国為替チームに所属しつつ、個人トレーダーとしても活躍。ラジオNIKKEI、FX攻略.com、雑誌外国為替創刊号などに出演・記事掲載経験あり。監修書籍『実戦のFXテクニカル』はAmazonで1位。

ブログ https://fx-dakar.com/
Twitter https://twitter.com/111coffeeBreak

平野朋之［株式会社トレードタイム代表取締役］

ネット証券にてFX業務全般、自己売買部門でディーラー、投資情報室にてFXや日経225の情報発信した後、2011年トレードタイムを設立。自身もトレードを行いながら、個人投資家支援やFX会社への情報発信業務などを行う。

ブログ https://trade-s-room.com/
Twitter https://twitter.com/trade_time

ポンド戦士もちぽよ［個人トレーダー］

価格変動の度合いが高いポンド取引を得意とする。テレビ出演（日経CNBC）、ラジオ出演（ラジオNIKKEI）、「FX攻略.com」「外国為替創刊号」など雑誌への記事掲載経験あり。著書は『鬼速FX』（KADOKAWA）。

Twitter https://twitter.com/mochi_fxtrader

江守 哲［エモリファンドマネジメント株式会社 代表取締役CEO］

日本で最初のコモディティ・ストラテジスト。グローバルマクロ戦略の第一人者。株式・債券・為替・コモディティ市場で運用する現役のマクロトレーダー。市場経験は33年。ロンドンなど世界30か国超をビジネスで訪問。

Twitter https://twitter.com/tetsu_emori

陳満咲杜［経済アナリスト］

中国・上海生まれ。国際テクニカルアナリスト連盟認定テクニカルアナリスト（CFTe）。メルマガ「ブルベアFX通信」やコラム「ザイFX！」の執筆、セミナー・講演、テレビ出演（CCTV）、ラジオ出演（ラジオNIKKEI）も行う。

Twitter https://twitter.com/chinmasato

※「2022年版 FXの稼ぎ技」に掲載された、竹内のりひろ氏、田向宏行氏、松田遼司氏提供のテクニックを再編集して収録しています

江守哲と陳満咲杜

Tetsu Emori *Chinmasato*

今後の為替相場を読み解く

これまで同じイベントや講演に登壇した際に交流があったという両者。それぞれ相場を読み解く視点は異なるが、2022年の相場を振り返ると、共通した意見が多く見られた。

陳アソシエイツ代表／
経済アナリスト
陳満咲杜
国際テクニカルアナリスト連盟認定
テクニカルアナリスト（CFTe）。テクニカル指標による分析を得意とする

エモリファンドマネジメント株式会社
代表取締役CEO
江守 哲
日本で最初のコモディティ・ストラテジスト。グローバルマクロ戦略の第一人者

■2022年の相場は「サプライズ」

陳　2022年は円安の進行を想定していましたが、ここまでスピードの早い円安は想定外でした。江守さんは想定していましたか？

江守　円安はもちろん予想していましたが、ここまでではないです。

陳　やはり皆さんの想定していないスピードでしたね。「サプライズ」。2022年の相場を一言でいうとこれでしょう。想定以上、激しい円安、行き過ぎた円安。

江守　大きく円安になった理由はどう考えていますか？

陳　テクニカル的な視点から説明することができます。

ドル指数（ドルインデックス）という指標がありますが、それを見ると、主要通貨（ユーロやポンド、円など）

ドル指数　　▶ ユーロや円、ポンドといった、主要な通貨に対する米ドルの強さを示した指数。関連テクニックは141ページ参照

ドル指数のサイクルから見る2023年の予想

[ドル指数　週足　1993年〜2023年]

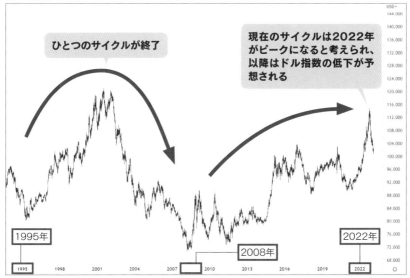

に対する米ドルの強さがわかります。ドル指数が上がれば、対外的に見て米ドルが強い（ドル高）、ドル指数が下がれば、米ドルが弱い（ドル安）と判断できます。

　このドルインデックスは、16〜17年かけてひとつのサイクルをつくっています。安値から高値を付けて、また安値に戻れば——つまり、チャート上に大きな山をつくればひとつのサイクルが完成します。

　現在の相場は、2008年から始まったドル指数のサイクルのなかにいます。2022年は、このサイクルがピークに達した年でした。ドル指数が上昇

し、ドル高になったことで、相対的に円が安くなっていった。

江守　そうですね。私もそのサイクルに注目していますが、同感です。

　また、ファンダメンタルズ的な要因から考えると、2022年の円安はアメリカの急激なインフレが大きな要因です。インフレとは物価が上昇する状態のことです。毎月発表されるCPIという数値によって判断でき、これが大きく上がればインフレが発生しているとわかります。

　過度なインフレは、国民の生活を圧迫してしまうため、それを押さえるために、中央銀行——アメリカであれば

CPI　　　▶ 消費者物価指数。消費者が購入する商品・サービスの価格の変動を指数で表したもの。関連テクニックは135ページ参照

FRB——が金利を上げます。これを利上げと呼びます。

陳 そうですね。

江守 この利上げは為替に影響します。一般的に、金利が低い通貨と金利が高い通貨の2つがあれば、多くの人は金利が高いほうを買おうとします。

日本は長年金利を低くする政策を取っているため、アメリカが利上げするほど、米ドルが買われやすくなり、米ドル高円安につながるのです。

私は、2021年6月くらいから——ロシアによる侵攻が始まる前から、アメリカでは必ずインフレになると考えていました。しかし、FRBやECB（欧州中央銀行）は、あくまでインフレは一時的と考えていた。結局、インフレ率が上がってきた2021年12月になってはじめて、FRBのパウエル議長が「インフレは一時的ではない」と判断を変えたんですよね。

この判断の遅れが、今回の円安の一番大きな理由だと考えています。早めに対処せず、インフレを拡大させてしまった。

陳 江守さんが早い段階から気づいていたのは、さすがですね。

江守 ただし、現在（2022年1月時点）、私の意見は「もう利上げの必要はない」です。すでにインフレの要因

今後の利上げについて対談する陳満咲杜さん(左)と江守哲さん(右)。

が落ち着いたので。

陳　原油も安くなっていますね。

江守　そうなんです。アメリカでのインフレの理由について、「エネルギーの価格が上がったから」「農産物の価格が上がったから」という話を聞きますが、実はこれらの価格高騰はもう落ち着いています。ほかにも「家賃が高騰しているから」という話を聞きますが、住宅価格が上がりすぎてみんな家が買えないから賃貸の需要が高まっただけなんですよね。FRBはまだ利上げしようとしていますが、それで本当にCPIが下がるのか疑問です。

陳　どうして今になってもFRBは利上げを続けようとするのでしょうか？

江守　FRBなどの中央銀行は、実際にCPIが上昇しないと利上げをしないし、CPIが安定的に落ち着いたという結果が出ないと利上げを中断できないんです。先読みをしても、その確証を得られるまで政策を決められない。

陳　なるほど。

江守　だからアメリカはまだ利上げするといっている。これは2023年の相場にも影響します。とにかく利上げを行うという判断は、相場を混乱させてしまいます。

陳　欧州はどうですか？

江守　ECBの判断も間違っていたと考えています。ECBのラガルド総裁は当初「ユーロ安にする」「金利を上げない」といっていたのに、今は金利を上げていますよね。インフレも一時的だといっていましたが、結局そうではなかった。こうしたかく乱要因が続くと、2023年は危ないですよね。

陳　一方で、インフレの落ち着きを示すニュースも発表されました。2022年11月10日に起きたアメリカの逆CPIショック。

江守　ずっと上昇を続けていたCPIが、11月の発表では大幅に下がった、という嬉しいサプライズですよね。いいサプライズだから「逆ショック」と呼ばれている。

陳　この影響で米ドル円は大きく下がり、CPIが発表された11月10日には大陰線を付けました。私も、アメリカはこれ以上利上げしなくてもいいと思います。この逆CPIショックは、それを暗示する出来事ですね。

■ 円は「リスク回避通貨」として機能しない!?

江守　今回の円安に関わる話として、もうひとつ。「円はリスク回避通貨」だと考えている人もいますが、個人的にはそうではないと考えています。

アメリカの消費者物価指数(前年比)の推移

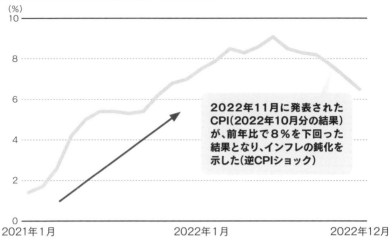

2022年11月に発表された
CPI(2022年10月分の結果)
が、前年比で8%を下回った
結果となり、インフレの鈍化を
示した(逆CPIショック)

(%)
10
8
6
4
2
0

2021年1月　　　　　2022年1月　　　　　2022年12月

出所:Investing.com

　リスク回避通貨とは、例えば経済の先行きが不透明になったとき、リスクの高い通貨(あるいはほかの金融商品)を売って、代わりに購入される、リスクの低い通貨のことです。

陳　米ドルが代表例ですね。何かあれば米ドルが買われやすくなります。

江守　「円をリスク回避通貨」と考える人は、行先が不透明になったとき、リスクの高い金融資産を売って、より安全な資産(だと考える)円を買おうとします。

陳　でも、実際には円を安全資産と考える人は少なかったから、円が売られ、2022年は歴史的な円安になった。そういう見方もできますよね。私自身、「株が落ちても(=先行きが不透明になっても)円はそんなに買われないよ」と、ずっといってきました。

「円安」の基準はどこで判断する?

江守　しかし、米ドル円が150円にまで到達したっていうのはどうなんですかね。行き過ぎのような気はしますけどね。

陳　私はもともと、2023年の前半……夏までのどこかで150円になると予測していました。ただ、2022年のうちに一気に150円、152円手前に突っ込んだから、2023年はそこまで円安になることはもうないと思います。

江守　再び150円になるのはちょっと難しいですね。

そういえば、2022年、円安の転機になったのは、米ドル円が115円を上抜けたくらいでしたよね。この価格を基準と考えていたので、私のなかでは「120円割れなければまだ円安だ」とイメージしていたんですよね。

陳　そうですね。どういう基準を持って円安円高を見るか。

江守　最近よくメディア「135円より上なら円安で、下なら円高」といっているのを聞きます。でも、私たちの感覚からすると、130円でもまだ円安じゃないですか。その水準がどこかっていうのは、人によって感覚が違うんでね。そこは注意が必要ですよね。

……普段私たちアナリストが重要視しているのは、どちらかというと、水準よりトレンドですからね。

陳　多くの人は"相場の記憶"に惑わされていますよね。2022年10月に152円の円安を記録した後、12月末には130円台にまで落ち着きました。すると今度は「円高になった」と騒ぐ人が現れました。152円が単に行き過ぎたドル高だっただけなのに、"相場の記憶"に惑わされて円高と考えたのでしょう。

江守　152円を基準にしちゃうと感覚が変わってしまうので、惑わされないよう注意したほうがいいですね。

2023年のFX相場はどうなる？

陳　2023年には、最大で米ドル円が何円までいくと思いますか。

江守　もう、あまり上（円安）はないと思っています。150円台は2023年と予想していたのですが、タイミングが早すぎました。

陳　たしかに早すぎた。私の予想でも、2023年の夏ごろまでに150円台の円安が来ると考えていました。

江守　今後の日米の金利動向を考えてもさらなる円安は難しいと思います。例えば、黒田総裁が2013年から続けてきた異次元の緩和政策が修正されるというニュースが、12月20日に発表されました。いままで金利を低くして

「今後、さらなる円安は難しい」

きた政策から、方針を変えるというのです。よっぽどなことがない限り、日銀はもう政策を緩める方向には向かわないでしょう。

陳 引き締めということは、金利を上げるような方針ですね。

江守 実際にはどこまで行われるかわかりませんが……。

　一方でアメリカは、2022年で大きく利上げを行ったので、ターミナルレートが見えてしまっている。

陳 利上げの限界がきていると。

江守 そうです。アメリカは、今後利上げが緩まる方向になると思います。日本とアメリカを比較すると、これから引き締めの方向に向かいやすいのは、アメリカよりむしろ日本。

　為替のセオリーでいうと、金利が高いほうに資金が流れるので、方向性は円高──必ずしもそこまで引き締められるかはわかりませんが──少なくとも円安になるのはかなり難しいかと。

陳 ただ、円高傾向とはいっても、あくまで緩やかに推移すると思います。まだ日米金利差があるためです。

江守 たしかに、急な円高は難しい。

■2023年に注目すべき　イベント・動向

江守 日銀総裁の黒田総裁が、2023年の4月8日で任期満了になります。2023年は、まずここに注目ですね。

陳 ええ。加えて、先ほど話した、緩和政策の修正が今後どう展開されるかですね。いわゆるかく乱要素になるといわれて、私も覚悟しているのですが……。

江守 あの発表はサプライズでしたよね。

陳 ですね。今後の方針はどうなると思いますか？　次回の総裁も、基本は黒田総裁の方針を踏襲しなければならないと思いますが。

江守 しばらくはそうでしょうね。どちらかというと、岸田さんが変わるかどうかのほうが問題だと思います。

陳 いま、増税の議論が話題になっていますからね。増税するときは「衆議院を解散しろ！」といった風潮になりやすい。

江守 仮に、いまの岸田内閣が退陣して別の人が総理になったとき、方針がガラッと変わる可能性があります。そのときに政策がどうなるのか、黒田総裁や後任の総裁がどういった姿勢を取るかがポイントだと思います。

■「増税の可否」は今の相場に　変化をもたらすかも

江守 また、日本の場合、政策の進

ターミナルレート　▶ 金融引き締めにおける利上げの最も高い水準のこと。利上げ政策の最終地点

みが遅い点も特徴です。そのせいで、「円が主導性を発揮するような円高」にはならないと思っています。

陳　まず、根回しをするなど……時間がかかる。

江守　そうそう。今回の緩和政策の修正も、サプライズではあるんですが、まだ明確な出口戦略ではないですよね。利上げしますとも明言していない。出口戦略に近いことを、ゆっくり行う。政策が極端に変わることはないので、円高には行きづらいでしょう。

　まず注目しておくべきは、先ほどいった通り、増税がらみの衆議院解散があるかどうか。

陳　増税がらみの話は、マーケットへの圧迫が大きい。

江守　また、2023年はサミットがありますよね。開催地は広島で、岸田さんご自身の選挙区。そこまでは自分が首相をやっていたいという気持ちが強いと思います。

陳　広島サミットは、2023年の5月19日～21日ですね。

江守　サミットまで首相でいなければいけないという意志が強いでしょうから、仮に（増税を）やるとしたらその後でしょうか？

陳　サミット前は難しいですかね。

江守　……とはいえ、2022年の12月

2023年の主な政治イベント・トピック

日程	イベント・トピック
3月9日～10日	日銀金融政策決定会合 前回の会合によって、金融緩和政策の修正が決定
4月8日	日銀 黒田総裁が任期満了
4月9日	統一地方選挙
5月19日～21日	G7広島サミット
9月9日～10日	ニューデリーにてG20サミット
9月30日	岸田首相の自民党総裁任期満了まで残り1年

上半期は①増税が行われるか ②岸田政権が変わるのかにも注目！

「2023〜24年にかけてドル安になり、ドル指数のサイクルが完成する」

末時点で、増税の議論は始まっているので、5月のサミットを待たず、増税の可否が決まる可能性もあります。こういう話も頭に入れておかないといけませんね。

政治で相場が動くこともあるので、これはなかなかいい話だと思います。政権が変わるとか、急に衆議院選挙になって、ガラッと変わるとか。そういう政治面は無視できないですね。

陳 年末になると、来年の展望を話すじゃないですか。でも、1年のはじめを事前に予測するのは不可能に近い。何が起きるかわからない。だから、あくまである程度のメインのシナリオを想定しておくしかない。

■ テクニカルの視点から見た2023年の分析

陳 2023年の相場について、改めて考えてみましょう。最初にドル指数の

サイクルの話をしましたが、この話は2023年の予想にもつながります。

2022年にピークを付けたドル指数は、2023年〜2024年にかけて低下していく——つまりドル安になっていき、サイクルが1個完成すると考えています。

江守 そうですね。2023年の米ドル円の価格はどう予想しますか？

陳 私は割と保守的な予想をしていまして、元々2023年は126円、125円くらいまでいくと考えていました。しかし、緩和政策修正の発表を受けて、2〜3円上に予想を変えました。122円、123円くらいですね。極端な話、11月10日にできた大陰線を大きく超えない限り、2023年はドルの動きは鈍くなりそうですね。江守さんはどうですか？

江守 私も同感です。

120円を割れるまで下がる印象ではありませんね。先ほど、「115円を超えたことがトリガーになって円安が起きた」と話しましたが、この115円というラインを下回るのはかなり難しいと思います。多くの人が意識しているポイントでしょうし。私の主張としては、2023年までは円安だと思っています。

FX検証教室

FXで成功を掴むには、自身のトレードを振り返ることが重要。
ここでは、4名から2022年のトレードの振り返りを聞いた。

トレーダーの方々

 川崎ドルえもんさん
独自のトレード手法やアノマリーを駆使してトレードする

 平野朋之さん
個人投資家支援やFX会社への情報発信業務などを行う

 Dakarさん
16年間輸出企業(製造業)外国為替チーム所属の実需筋

 ポンド戦士もちぽよさん
19歳からFXを続け、ポンド取引を得意とする個人トレーダー

検証1　2022年のトレードを自身で採点するなら何点?

 **80点**
米ドル円の相場が大きく動いたところでうまくトレードできました。2022年はスキャルピングに挑戦したのですが、そこでマイナスが出てしまいました。

 **75点**
チャートは大きく動いたものの、常にトレードしやすいとはいえなかった印象です。満点といえるほどではなく、損失を出したわけでもないため75点になりました。

 **75点**
米ドル円で発生した大きな上昇トレンドに乗れなかったため−25点。また、数日持つつもりでポジションを取ったものの、翌日に決済してしまうことが多かったです。

 **60点**
トレードしやすい相場でのみ売買しているのですが、2022年はトレードしづらい場面が多く、またトレードに割ける時間も少なかったためこの点数を付けました。

2月頭にユーロNZドルで平均足（236ページ参照）が下降トレンドを示したため売りから入りました。設定を200にしたボリンジャーバンドで−1σラインを下回ったときに利確し、約20日間で695pips取れました。

［ユーロNZドル　日足（平均足）　2022年1月〜3月］

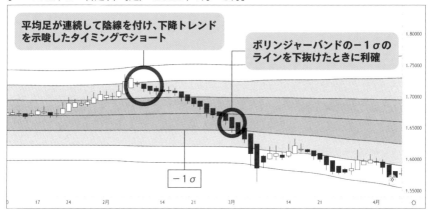

平均足が連続して陰線を付け、下降トレンドを示唆したタイミングでショート

ボリンジャーバンドの−1σのラインを下抜けたときに利確

−1σ

8月終わり、米ドル円が130円台後半だったとき、FRBのパウエル議長の発言によりレートの上昇が予測できました。キリのいい140円台まで上昇すると考え、短期的なトレードを繰り返して利益を獲得できました。

［米ドル円　30分足　2022年8月〜9月］

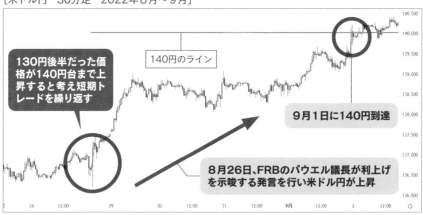

130円後半だった価格が140円台まで上昇すると考え短期トレードを繰り返す

140円のライン

9月1日に140円到達

8月26日、FRBのパウエル議長が利上げを示唆する発言を行い米ドル円が上昇

14

自分で制作した平均足（改良版）を使い、中期・短期2つの流れを見ており、平均足（改良版）が赤色になれば上昇、青色になれば下落を示します。9〜10月はこれらを使い、下降トレンドにうまく乗れました。

［豪ドル米ドル　日足　2022年9月〜10月］

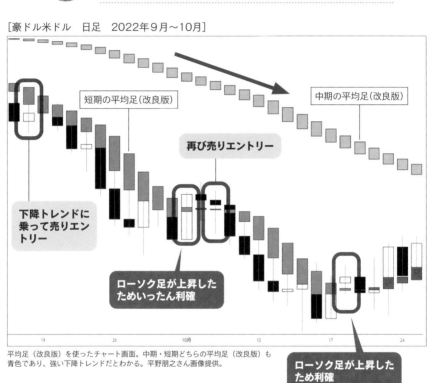

短期の平均足(改良版)

中期の平均足(改良版)

再び売りエントリー

下降トレンドに乗って売りエントリー

ローソク足が上昇したためいったん利確

平均足（改良版）を使ったチャート画面。中期・短期どちらの平均足（改良版）も青色であり、強い下降トレンドだとわかる。平野朋之さん画像提供。

ローソク足が上昇したため利確

検証3　2022年で失敗だった取引を教えてください

3〜4月は損切りすることが多く、うまく利益が出せませんでしたが、それ以外はデイトレとスイングで大きく取れたので満足のいく結果となりました。自作のサインツールも活躍してくれました。

10月6日、ユーロNZドルで平均足が陰線を示したので売りから入ったのですが、結果上昇し、翌週損切りしたときには−250pipsの損失になりました。多少判断が遅れたものの、ムキにならず、冷静に損切りできたかと思います。

平野
朋之

米ドル円が大きく上昇した6〜9月。当時の年初来高値や140円のラインを超えたら過熱感が冷めると考えてショートを行いましたが、そのまま上昇。本来ならすべきでなかったトレードでした。

［米ドル円　日足　2022年5月〜11月］

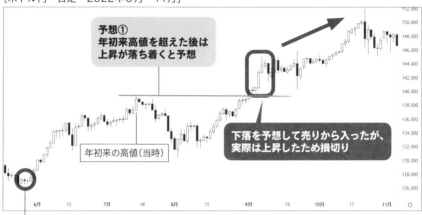

予想①
年初来高値を超えた後は
上昇が落ち着くと予想

年初来の高値(当時)

下落を予想して売りから入ったが、
実際は上昇したため損切り

予想②
120円台後半から140円台まで上昇
したためそろそろ下落すると予想

検証4 　**2023年の注目ポイントや戦略を教えてください**

Dakar

回り回ってBOEも取り入れる傾向にあります。現在、FRBは利上げを継続しながら利上げ幅を段階的に狭めています。BOEは、徐々にインフレピークを模索し始めている様子。一方、日銀は2022年末にYCCの長期金利上限を拡大したばかり。
ポンド円を、売ろうと思ってます。

平野
朋之

FRBが利下げを行うか、また日銀の黒田総裁の任期満了後にゼロ金利政策がどう変わるかに注目しています。
ただ、いずれにしても戦略は平均足（改良版）や移動平均線で判断できます。例えば、米ドル円を月足で表示し、期間を20に設定した移動平均線を表示します。基本的に、ローソク足が移動平均線の上にあれば買い、下にあれば売りと判断できます。

※BOEはイングランド銀行、YCCはイールドカーブコントロール

｜本書の使い方｜

　掲載テクニックは「基本」と「応用」に分かれており、執筆いただいたトレーダー・アナリストの名前を掲載しています。記載がないものは「2022年版 FXの稼ぎ技」に掲載された、竹内のりひろ氏、田向宏行氏、松田遼司氏提供の有用なテクニックを、データを更新して再編集したものです。ページ下部の欄外には、用語の解説を行っています。また、各テクニックには時折2つのアイコンを掲載しています。特定の時期にのみ有効なテクニックは「時事」。有用なテクニックではありつつも損失リスクがあるものは「リスク大」としています。

基本／応用

一般的に使われているセオリーを基本ワザ、基本ネタからステップアップしたテクニックを応用ワザとしています

執筆者名

アイコン

📺 **時事**
特定の時期に有効なテクニック

⚠️ **リスク大**
有用ではあるが損失を追う可能性があるテクニック

用語解説

巻末特典！協力トレーダーたちの取引手法も解説！

contents

Section1. FX投資の基本

Section2. チャート・テクニカル

Section3. ファンダメンタルズ

Section4. 資産管理・メンタル

Section5. 制度

Section6. アノマリー

FXの基本

FXを始めるにあたり、通貨ペア、
チャートツールの使い方、トレードスタイルなど、
知っておくべき情報をまとめた。

基本 lecture 001 通貨ペアは左側の通貨で取引する

基軸通貨米ドルで考える

米ドル円はUSDJPYと表記される通貨ペアで、決して円ドル（JPYUSD）とは言わない。これは左側の通貨に対して右側の通貨ではいくらの価値があるかを示す。

取引において左側の通貨を売り買いする場合、右側の通貨で決済するということ。つまり米ドル円なら、米ドルを買うのか売るのかを考え、結果的に円高になったり円安になったりする。

日本人は円を中心に考えがちになるが、この点からも日本円で考える習慣から離れ、基軸通貨米ドルを意識することが重要。

左側の通貨	右側の通貨
USD	**JPY**
↓	↓
基軸通貨	決済通貨

基本 lecture 002 流動性の高い主要通貨で取引する

流動性が高く取引の基本となる通貨ペア

世界中にさまざまな通貨がある中で、米ドル（USD）、ユーロ（EUR）、英ポンド（GBP）、日本円（JPY）、スイスフラン（CHF）、カナダドル（CAD）などはハードカレンシーと呼ばれ（明確な線引きはない）、主要通貨とされている（スイスを除きG7の国々でもある）。世界の貿易取引ではこの主要通貨で決済されることがほとんどで、FXでもこの主要通貨の動きを見ることが基本となる。

FXでは主要通貨以外の通貨も取引できるが、流動性やスプレッドの問題もあるため、まずはこれらの主要通貨を取引するのがおすすめだ。

USD EURUSD、GBPUSD、USDJPY、USDCHF、USDCAD

米ドルとほかの通貨の組み合わせを「ドルストレート」という

基軸通貨　▶ 国際為替市場や国際金融取引で中心に扱われる通貨。1920年代まではイギリスのポンド、第二次世界大戦後は米ドルがそう呼ばれている

基本 lecture 003

チャートのスケールを調整したうえで取引する

もちぽよ

スケールを拡大しすぎると情報が不足してしまう

トレードをするうえで、手法よりも重要なことは「チャートの見方」だ。見方次第でエントリー判断を間違える確率が変わるといっても過言ではない。

失敗しやすい人の多くがチャートを拡大しがちだ。チャートを縮小して広い視点で見られるようになると多くの気づきがあり、適切なエントリーポイントや、入るべきではないポイントも分かりやすくなる。

下図のうち、左のチャートはローソク足を大きく拡大したものだ。一見わかりやすい画面に見えるが、この状態では認識できる情報が少なく、トレードに必要なトレンド（テクニック033）や抵抗帯を把握できない。しかし、右のチャートのようにスケールを縮小すると、過去に意識された価格がわかる。細かな値動きに惑わされないため、感情的なトレードも防げるようになる。

チャートのスケール調整の例

［ポンド米ドル　1時間足　（左）2023年1月12日〜13日　（右）2023年］

スケールが大きいとトレンドや抵抗帯を把握できず不利な状態になる

左のチャートが示す範囲

過去に意識された価格がわかる！

抵抗帯

抵抗帯　　　▶ ローソク足の上昇が頭打ちになり、それ以上上がりづらい価格帯のこと

流動性がもっとも高い通貨ペアは ユーロ米ドル

流動性の高さは安定した 取引につながる

米ドル、ユーロ、円、英ポンドの4つの主要通貨の組み合わせ（通貨ペア）は6つあるが、このなかでも最も取引量が多い通貨ペアがユーロ米ドル。

取引が多いということは、流動性が潤沢で極端な値動きになりにくいことにつながる。ここでの流動性は、市場での取引量を表すもので、多くの注文が出ている場合は、流動性は高いと評価される。

流動性が高いとトレンドができれば続きやすいということでもあり、値動きが安定的なので取引しやすい通貨ペアといえる。

ユーロ米ドルに次いで米ドル円の通貨ペアも取引高が多い。取引に慣れないうちはユーロ米ドル、または米ドル円の通貨ペアを主に選んでみるとよいだろう。

通貨ペア別取引高

USDEUR	23%
USDJPY	14%
USDGBP	10%
USDCAD	6%
USDAUD	5%
USDCHF	4%
EURGBP	2%
EURJPY	1%
EURCHF	1%

上位2通貨ペア（USDEUR、USDJPY）で全体の37%を占める

取引量が多い通貨ペアなら、値動きが安定しやすく急な価格変動リスクを抑えた取引ができる

出所：Bis「Triennial Central Bank Survey - OTC Foreign exchange turnover in April 2022」より編集部作成

基本
lecture
005

ストレートとクロスでは
レバレッジを変える

クロス通貨は
値動きの振れが大きい

ストレート通貨は、米ドルと取引を行う通貨ペアのこと。「ドルストレート」とも呼ばれている。

一方、米ドルを介さない通貨ペアは、「クロス通貨（合成通貨）」と呼ぶ。例えば、ユーロ円の場合、円で米ドルを買い、米ドルでユーロを買う。つまり、ユーロ円へのレートを計算するには、米ドル円とユーロ米ドルのレートをかける必要がある。

クロス通貨はストレート通貨より値動きが大きくなる傾向がある。

クロス通貨のなかで円が含まれる通貨ペアを「クロス円」と呼ぶ。

クロス円の場合、ストレート通貨の米ドル円よりクロス通貨であるユーロ円やポンド円のほうが値動きが大きくなりやすい。クロス通貨は利幅も増えるが損失幅も大きくなる。このためストレート通貨よりレバレッジを下げ、損切幅を広めにしないと簡単にストップがつく。

ストレート通貨とクロス通貨

タイプ	通貨ペア
ドルストレート	米ドル円、ユーロ米ドル、豪ドル米ドル など
クロス円	ポンド円、ユーロ円、豪ドル円、NZ円 など

クロス通貨レートの計算方法

ユーロ円 (EURJPY)	=	EURUSD	✕	USDJPY
ポンド円 (GBPJPY)	=	GBPUSD	✕	USDJPY
豪ドル円 (AUDJPY)	=	AUDUSD	✕	USDJPY

スワップポイントが高くても高金利通貨には手を出さない

スワップ狙いの買いでは金融正常化の動きに注目

1997年7月から1998年にかけてタイを震源としたアジア通貨危機が為替市場を襲った。

経済の実態に照らし合わせて、アジア通貨の水準が割高と判断した投機筋が売りを仕掛けて、アジア通貨が総崩れとなった。

余波は米ドル円にも波及、1998年10月には米ドル円は2日で25円の急落を演じた。

一方、コロナ後の米国の量的緩和で世界にばらまかれた米ドルは、2022年以降、金融の正常化に伴い米国に回帰していくことになる。

新興国のなかでも特に財政基盤が弱く、慢性的な経常赤字国の5カ国は「フラジャイル・ファイブ」と呼ばれ、ブラジル、インド、インドネシア、トルコ、南アフリカが該当している。

安易なスワップ狙いの買いは要注意だ。

止まらないトルコリラの下落

[トルコリラ円　月足　2007年〜2023年]

2007年10月
約99.1円

2023年1月
約6.9円

2007年に高値をつけてから15年ほど下落を続けている

アジア通貨危機　▶　1997年7月、タイの通貨であるバーツの暴落をきっかけに、マレーシア、韓国、インドネシアなどの通貨も暴落した現象

取引の利益は
キャピタルゲインで目指す

江守哲

リスク大

利益にはキャピタルゲインと
インカムゲインの2つがある

　FXでのトレードの収益は、大きく分けて2つある。ひとつは、単純なトレードのリターンであるキャピタルゲイン。トレードでは買い値と売り値の差が出るが、その差がプラスであれば利益、マイナスであれば損失となる。FXでまず目指すのは、その利益であるキャピタルゲインだ。ただし、トレードしたポジション（ある価格で売買し所持している決済前の通貨）を翌日以降に持ち越す場合、通貨ペアに金利がつくので注意が必要だ。金利の高い通貨を買い、低い通貨を売ると金利分を受け取ることができる。これをスワップ金利（インカムゲイン）と呼ぶ。しかし、逆の場合には金利を支払う必要がある。

　価格変動リスクを認識したうえで、金利差を収入とするトレード方法があるということも理解するとよいだろう。

FXで得らえる2つの利益

［米ドル円　日足　2022年8月〜10月］

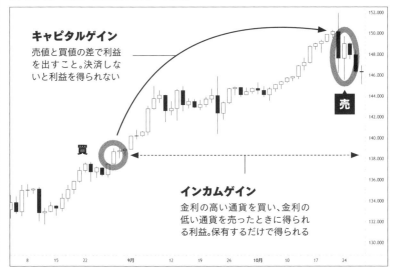

キャピタルゲイン
売値と買値の差で利益を出すこと。決済しないと利益を得られない

インカムゲイン
金利の高い通貨を買い、金利の低い通貨を売ったときに得られる利益。保有するだけで得られる

買　　　売

金融の正常化　　▶ ここでは、コロナ禍で行った量的緩和を取りやめることを指す

3つの要素を押さえることで
儲けやすくなる

動く原因がわかれば
方向性を捉えやすくなる

FXは通貨ペアの取引なので、常にどちらを買い、どちらを売ると得するかを考える。

為替レートを動かす要因のひとつは金利差で、差がプラスであれば、所持するだけで儲かるため金利の高い通貨が買われ、安い通貨が売られる。よって、こうした組み合わせになる通貨ペアを探す。

貿易決済でも為替が動くので、どの国からどの国への支払いが多いかで相場が動く。これが実需だ。

すると、この金利や実需の動きに先回りして儲けようと投機勢が動くので、投機の動きを捕まえることでも儲けやすくなる。

金利の動きは日経新聞、貿易決済の額などは定期的に財務省より発表される、投機の進捗はCMEの通貨先物などでも判断できる。

まずは、ひとつからでもよいので動きを分析してみるとよいだろう。

為替が動く3つの要素

1 金利

アメリカの政策金利　日本の政策金利
4.25〜4.5%　**−0.10%**
金利の高い通貨が買われる
日経新聞をチェック

※数字は2022年12月時点

2 貿易決済の額

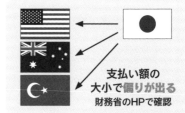

**支払い額の
大小で偏りが出る**
財務省のHPで確認

3 投機勢の動き

金利差
貿易決済の偏り　➡ **米ドル買い**　投機勢は
この流れを
先回りして動く

投機勢

CME　▶ シカゴ・マーカンタイル取引所（Chicago Mercantile Exchange）。米国シカゴにある
世界最大規模の先物取引所及び金融先物取引所

為替取引の95%は投機取引

FXは投機勢が相場を動かす

相場は国際的な金利や実需の先読みをしてFX同様に価格差による利益を追求する投機筋、つまりファンド勢などが大きく動かしている。彼らが何に注目してこれからどういう戦略を取ろうとしているか、どう考えているかを知ることで相場が動く早い段階からチャンスを狙える。ヘッジファンドなどの見方、動向などは日経新聞のほか、ブルームバーグやロイターのツイッターなどで広く把握できる。

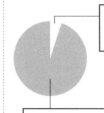

実需取引
貿易やサービスなどを含む為替取引

投機取引
一部機関投資家やヘッジファンドなどの為替取引

中長期の動きを知るには実需を押さえておく

実需が相場に大きく影響する

FXは純粋な投機取引、売ったポジションは必ず買い戻され、買ったポジションは必ず売らなければならない。

つまり利益を得るための決済には必ず反対売買が必要なので、理論的には相場は、どちらか一方には傾かない。

しかし実需の決済は、対価の支払いで、物や権利が引き渡されているので、反対売買は発生せず、実需の決済から発生する為替取引はどちらかに傾くことになる。よって中長期的にはこれが相場に大きく影響する。

実需 ⟷ 投機

機関投資家など、資本取引と輸出入に伴う外国為替の需給のこと

レートの変動によって、利益を得るために売買を行うこと

反対売買　　　▶　買った銘柄を売る、または売った銘柄を買うこと。商品によっては決められた期日までに行う必要がある

投機ポジションの傾きから反転を判断する

IMMポジションを使って傾きに注目する

為替市場の95%以上は投機取引と説明した（テクニック009参照）。投機取引の全容を知ることはできないが、CME（シカゴ・マーカンタイル取引所）が提供するIMMポジションには各通貨ごとの投機ポジションが示されている。相場の先行きを予測しようと、世界の投資家が注目する指標となっている。

IMMポジションがどちらかに大きく傾いていれば、近い将来巻き戻し（決済など）が起こりやすいことが推測される。

チャートの動きと合わせ、こうしたポジションの傾きに注目すると、安値売りや高値買いという最悪の事態を回避したり、利益確定の判断材料となる。

原則、火曜日の取引終了時点の数値が金曜日の取引終了後に発表されるので、情報の遅れを考慮する必要がある点に注意が必要だ。

IMMポジションを見られるサイト

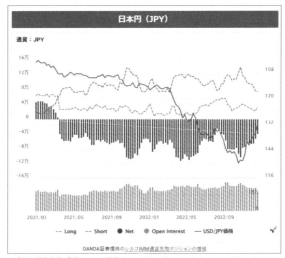

「ZAi FX！」のシカゴIMM通貨先物ポジションの推移。https://zai.diamond.jp/category/fxmarket

---

IMMポジション ▶ CMEの国際通貨先物市場に上場されている通貨の建玉明細のこと。「買いの建玉－売りの建玉」で計算される

基本 lecture 012

逆張りは相場の壁が 明確な場合に限定する

自制心や決断力が 強く求められる逆張り

個人投資家に多いのが「これだけ動いたから少しは戻すだろう」と逆張りし、撃沈するパターン。

特に2019年8月の米国の対中報復関税発表以降の値動きのように、短期間で大きく動くほど、周囲でも「そろそろ天井・大底」といった話題が盛んになる。

そうした情報を鵜呑みにして、目線を逆張りに変えるときほど失敗しやすいことは覚えておこう。

逆張りは明確に意識されやすい、切りのよい数字（節目）や反対注文が置かれている価格帯などの相場の壁や、オプションで値動きが止められている場合などに限られる。

こうした限られた場面ではエントリータイミングも難しく、しかも失敗はトレンドの逆流にさらされるので、すぐに損切りしなくてはならず、この決断力も必要。逆張りする際は一度冷静になって考えたい。

逆張りで失敗するトレンド相場

[米ドル円　4時間足　（左）2022年9月22日～10月13日　（右）2019年9月21日～10月21日]

逆張りしたい人の思考
もうそろそろ天井だし
売ろうかな……

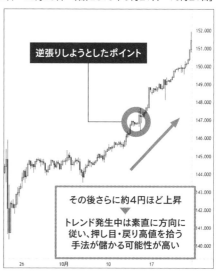

逆張りしようとしたポイント

その後さらに約4円ほど上昇
▼
トレンド発生中は素直に方向に従い、押し目・戻り高値を拾う手法が儲かる可能性が高い

証拠金倍率と実効レバレッジの違いを理解する

証拠金倍率は
ギャンブルになりやすい

レバレッジというと、「証拠金倍率」のことだと考える人もいるだろうが、一般的な相場でいうレバレッジとは、「実効レバレッジ」を指している。

この2つのレバレッジの違いは下図の通りだ。2つをしっかり区別できないと、資金管理などで間違いを犯しやすいため、しっかりと押さえておきたい。

例えば、米ドル円を1万ドル取引したとき、証拠金が倍率により少なくても大きくても関係なく、1円動けば1万円の損益となる。

海外口座などで証拠金倍率を高くしても、そもそもの資金が少なければ、すぐに口座が飛んでしまうのだ。

このため、証拠金倍率を高くすることはギャンブルになりやすい。実効レバレッジで取引する視点を持っておこう。

実行レバレッジで取引する

── 証拠金倍率 ──	── 実効レバレッジ ──
25倍まで取引ができる上限を示す。少ない元手で大きな取引ができるが、相場急変で一気に損失が膨らむリスクがある	実質の資産による運用倍率のこと。預けている資産に対して、何倍の取引をされているかを示す

証拠金倍率より、実効レバレッジで 考えたほうがリスクが低い

基本 lecture 014

レバレッジは評価益・実現益 があるときにかける

口座にレバレッジをかけると リスクが大きくなる

金融庁規制のなか、日本では証拠金の25倍までの建玉が認められている。海外口座などでは400倍という目を疑うような証拠金倍率で取引ができるが現実的でない。

400倍とは、建玉に0.25％の評価損が生じただけで口座を溶かすことを意味する。つまり、米ドル円が100円とすれば25銭思惑から外れただけで口座残高がゼロになる。

このレバレッジだが、口座にかけるものではない。評価益や実現益を「担保」にしてかけていけば、口座を溶かす可能性はほぼなくなる。

リスクを取れるのは、儲かっているときだけだ。評価損（建玉を決済した場合、どのくらいの損益になるかという予測。実際には決済はされていないものを指す）や実現損（実際に決済し実現した損益）が拡大しているときは、レバレッジはかけられないと認識しておきたい。

儲かっているときだけレバレッジを使う

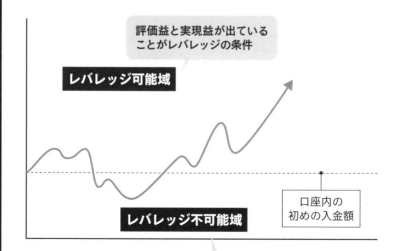

評価益と実現益が出ていることがレバレッジの条件

レバレッジ可能域

レバレッジ不可能域

口座内の初めの入金額

評価益がマイナスならレバレッジはかけられない

建玉　　▶ FXや信用取引、先物取引などにおいて、取引約定後に反対売買されないまま所持していること。ポジションともいう

下落相場では
売りを行って利益を得る

江守哲

売りから入って
利益を得る

一般的に投資とは「買ったものを売ることで収益を得る」と考えられている。ある通貨ペアの相場が上昇すると予想される場合、上昇する通貨を買い、他方の通貨を売ることで収益を上げることができる。

しかし、FXでは2つの通貨の強弱を想定してトレードするため、一方の通貨を買うということは、同時に他方の通貨を売ることになる。もし、その他方に相当する通貨が下がると考えるのであれば、「その通貨を売り、一方の通貨を買うことで収益を上げることができる」ともいえる。

この、売りから入る売買を「ショート」と呼び、FXでは下落相場においてショートで利益を得ることができるというメリットがある。

FXでは「売りと買い」が
同時に行われるのが特徴

株式投資の場合、売りと買いは表裏一体ではない。

基本的に現物株を現金で購入するため、下落相場で整理したいときは保有株を手放すことになる。信用取引ができるのであれば、株式を保有していなくても、空売り（証券会社から借りた株式を使い、売りから入る手法）をすれば、株価が下落した後、ポジションを買い戻すことで利益を得られる。空売りの場合も、借りた株式は返却することになるため、手元に株式は残らない。

一方、FXでは、売りも買いも同じ位置づけである。ある通貨を買うことは、ほかの通貨を売ることになるからだ。

つまり、FXはトレードする瞬間に、自身が売りと買いを同時に行う取引形態である。下落相場を予想する場合には、その通貨を売ればよいだけである。

繰り返すようだが、「下落相場の通貨を売る」ということは、同時に他方の通貨を買っていることも理解しておくことが肝要だ。つまり、ある通貨が下落すると予想する場合、どの通貨に対して最も下げるかを考え、その通貨ペアで売ることが重要となるのである。

信用取引　　　▶ 株式投資において、証券会社から株式や現金を借りて取引を行う方法

FXにおいて売りと買いは表裏一体

米ドル円を売買する場合

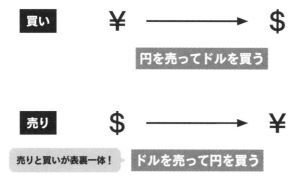

買い ¥ ⟶ $

円を売ってドルを買う

売り $ ⟶ ¥

売りと買いが表裏一体！　ドルを売って円を買う

**FXにおいて買いから入ることをロング、
売りから入ることをショートと呼ぶ**

［米ドル円　日足　2022年10月〜2023年1月］

ショートでは価格が
下がるほど利益が増える！

ショート（売り）

決済（買い）

基本 lecture 016

スプレッドの開きは 小さいほうがお得

江守哲

売値と買値には 差が生まれる

FXの通貨は、業者が提示する売値（アスク、オファー）でしか買うことができない。同様に通貨を売りたい場合も、業者が提示する買値（ビッド）でしか売ることができない。売値と買値には差があり、この差を「オファー・ビッド・スプレッド」と呼ぶ。

これらの値は瞬時に変化するが、トレードしたいと考えた瞬間に、売値と買値のスプレッドが大きければ、売り・買いのどちらでトレードする場合でも投資家にとって不利である。反対に、スプレッドが小さいほど投資家に有利になる。

一般的にスプレッドは業者次第だが、スプレッドが広い業者は「競争力がない」あるいは「顧客本位ではない」と考えて差し支えないだろう。したがって、トレードする場合には、スプレッドが狭い業者を選択するようにしたい。

スプレッドに注目してトレードを行う

スプレッド
買値と売値の差。小さいほうが有利

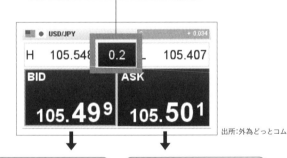

出所：外為どっとコム

買値（ビッド）
業者がいくらで買いたいかを表した金額。投資家が通貨を売るときに見る

売値（アスク、オファー）
業者がいくらで売りたいかを表した金額。投資家が通貨を買うときに見る

017 スプレッドの幅が小さい時間帯で取引する

スプレッドの幅が
小さい時間帯で取引する

FX会社のスプレッドは、インターバンクのスプレッドに影響される。

相場急変時にはインターバンクのスプレッドも広がるので、当然FX会社のスプレッドも広がるからだ。

スプレッドを意識するなら流動性が高く、スプレッドが小さくなりやすい欧州時間から米国時間の前半ぐらいが取引に適した時間帯といえる。特にスキャルピングなど、細かい取引を何度も取引するスタイルでは、スプレッドが収益に大きく影響する。注意しておこう。

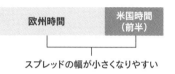

スプレッドの幅が小さくなりやすい

018 取引を始める前にデモ口座で練習しておく

デモであっても資金を
安定させる運用を目指す

デモトレードとは、仮想のお金を使い、FX取引を可能にするサービスのことだ。

外為オンラインのように、口座を開設しなくても、疑似的に本番のトレードを体験できるデモトレードを使用できる会社がある。

デモトレードでは資金を用意する必要はなく、仮に失敗しても自分の資産が減ることはなく、リスクなしで取引を体験できる。本番口座で取引を始める前にデモトレードで結果を出せる実力を備えてから本番口座に移るのが王道だ。

練習する際には、最初に設定した金額から足さないことが重要。

いずれも安定的に資金を増やしていくことができるようになれば、本格的な取引でも利益を出せるようになるはず。

インターバンク ▶ 金融機関のみで銀行間取引が行われる市場で為替市場というと本来はこちらを指す。対して一般の業者や個人を相手に為替取引する場を対顧客市場という

1日の流れを示した
取引の時間割をつくってみる

専業トレーダーも
取引時間を決めている

FXは24時間取引できるため、特に始めたばかりの人は、相場がおもしろくてFXに集中するあまり、寝不足になることもあるが、これは本末転倒といえるだろう。

本業のある人はもちろんのこと、専業投資家も自分の取引時間を決めている人が多い。

例えば値動きを重視して、欧州時間（15時〜21時）とNY時間（21時〜6時）だけ取引するなど、よほどの大きなイベントでもない限りは自分の時間割に従いながら取引をしているのだ。

どの時間帯で取引しても、儲ける方法は存在し、逆に24時間張りついていても自分の方法が確立していない人は儲けられない。

まず、自分の生活時間のなかで、FX取引の時間を確保し、その時間で取引するにはどのような戦略が有効かを考えることが重要だ。

ある専業トレーダーの1日

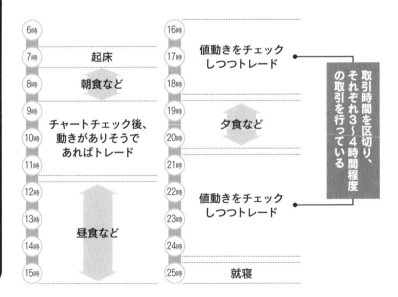

6時		16時	
7時	起床	17時	値動きをチェックしつつトレード
8時	朝食など	18時	
9時	チャートチェック後、動きがありそうであればトレード	19時	夕食など
10時		20時	
11時		21時	
12時	昼食など	22時	値動きをチェックしつつトレード
13時		23時	
14時		24時	
15時		25時	就寝

取引時間を区切り、それぞれ3〜4時間程度の取引を行っている

基本 lecture 019

基本 lecture 020 忙しい時期は指値注文・逆指値注文を活用する

平野朋之

事前に金額を指定して注文することができる

FXでポジションを取る際、いくつかの注文方法がある。成行注文は今すぐにポジションを取るときに使う注文で、その時点のレートを見ている場合に限る。しかし、FXは24時間取引が可能であり、1日中レートを確認することは難しい。そこで、レートの動きを追い続けなくても売買できる、指値注文、逆指値注文（複合注文も含む）を活用したい。

指値注文は現在レートよりも有利なレートでポジションを取ることで、例えば、現在の米ドル円が130円の場合、「129円になったら買う」と金額を指定して注文を出す。

逆指値注文は、現在レートよりも不利なレートでポジションを取る注文。例えば、125円〜130円のレンジを推移しているなか、131円を超えたら買いが膨らむと考えたとする。このとき、131円で自動的に購入できるのが逆指値だ。

指値注文・逆指値注文で自動的に売買を行う

[米ドル円 日足 2022年8月〜9月]

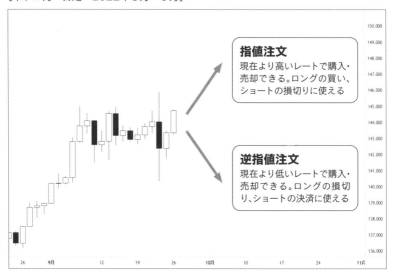

指値注文
現在より高いレートで購入・売却できる。ロングの買い、ショートの損切りに使える

逆指値注文
現在より低いレートで購入・売却できる。ロングの損切り、ショートの決済に使える

応用 technique 021 複雑な希望に対応できる イフダン注文

Dakar

購入と決済を自動でできる 指値のイフダン注文

イフダン注文（IFD注文）とは、新規注文と決済注文を同時に発注する注文方法だ。

イフダン注文は、価格を指定して発注すると自動で取引をしてくれるため、忙しい時期でもチャートを見続ける必要がない。イフダン注文の最大のメリットは、この点である。一見複雑なトレードに見えても、よくよく調べてみるとイフダン注文というたった1回のオーダーで成り立っているトレードだった、なんてことはよくある。

イフダン注文は、大きく分けて2種類ある。ひとつ目は「指値のイフダン注文」だ。

例えば、チャートがこれから一度下落してから上昇すると予想した場合、131円になったら買い、133.5円になったら売る、という2つの注文を出すことができる。チャートがシナリオ通りに動いた場合、エントリーと同時に利益確定の注文もしていることになるわけだ。

上昇の途中で買って、さらに上昇

したところで売るという注文も可能。その一部始終のオーダーを、同じタイミングで出すことができる。

指値のイフダン注文で注文通りトレードを終えた場合、決済は勝ちを意味する。指値のイフダン注文は、まったくもってシンプルなトレードといえる。

自動的に損切りをできる 逆指値のイフダン注文

2つ目は「逆指値のイフダン注文」だ。逆指値のイフダン注文の例としては、これから一度下落してから上昇すると予想して131円で買う注文を出す一方、130.5円で売る注文も出しておくような注文だ。

つまり、あらかじめ出しておく注文が、利確ではなく損切りになるわけだ。

130.5円になったら売るという注文をあらかじめ出してあるので、相場が予想に反して動いたとき、自動的に損切りしてくれるのがメリット。注文時に損切り額を決めておけば、忙しくてチャートを見られないときも、自動的に損失を限定させることができるわけだ。

指値のイフダン注文の使い方

［米ドル円　1時間足　2023年1月4日〜5日］

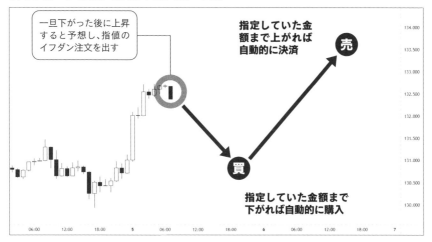

一旦下がった後に上昇すると予想し、指値のイフダン注文を出す

指定していた金額まで上がれば自動的に決済

指定していた金額まで下がれば自動的に購入

逆指値のイフダン注文の使い方

［米ドル円　1時間足　2023年1月4日〜5日］

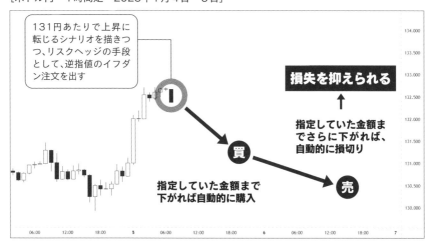

131円あたりで上昇に転じるシナリオを描きつつ、リスクヘッジの手段として、逆指値のイフダン注文を出す

損失を抑えられる

指定していた金額までさらに下がれば、自動的に損切り

指定していた金額まで下がれば自動的に購入

複数の注文を使った
グルグルトレイン注文

川崎ドルえもん

トレードしづらい
レンジ相場に対応できる

グルグルトレイン（グルトレ）とはFXトレーダー川崎ドルえもん氏が開発した手法。

為替相場は大きく分けて「トレンド相場が3割、レンジ相場7割」といわれているが、レンジ相場では方向性が分かりにくいためトレードがしにくいのが実情だ。そんな取引しづらいレンジ相場でも、「子本体ロング」「子本体ショート」「サポートロング」の3種類の注文で利益を積み上げられ、さらに、トレンド相場になってもサポート（右図参照）というポジションが子本体の含み損失を補填してくれる可能性がある。

複数のイフダン注文を
等間隔に並べた手法

グルトレは複数のイフダン注文と指値注文をズラリと並べた手法だ。右図は、基本となる1円幅でグルトレを設定したイメージである。

まず、イフダン注文を10銭間隔・50銭利確で、ズラリと売りと買い両方に並べる（これを子本体と呼ぶ）。例えば、83円で買って83.5

円で利確するイフダン注文、次は83.1円で買って83.6円で利確のイフダン注文を出す……という具合だ。加えて、今後トレンドが発生すると思う方向に指値注文を設定する（これをサポートと呼ぶ）。

通貨枚数は、子本体が1000通貨、サポートを1万通貨で設定する。これはトレンドが発生した際に、トレンドと逆方向に設定した子本体（売）の損失を、サポート（買）が相殺してくれる。この状態で、1円上昇すれば、サポート（買）と子本体（売）が同じ通貨数になるため、両建て状態になる。子本体ショートでは損失が出るが、子本体ロングとサポートの利益が上回り、8500円の利益となる（右図参照）。

また、仮にこのグルトレを今の価格から上下に5円つなげて設定し、4円逆行した後にもとの価格に戻ったとする。すると、最初の価格に戻ってきただけなのに、子本体が利益3万6000円を積み上げてくれ、さらにサポートは逆行している子本体の含み損失を相殺しつつ1万8000円の含み益をつくる。

　　　両建て　　　　▶ 同一通貨の買いポジションと売りポジションを同時に持つこと

グルグルトレイン注文のしくみ

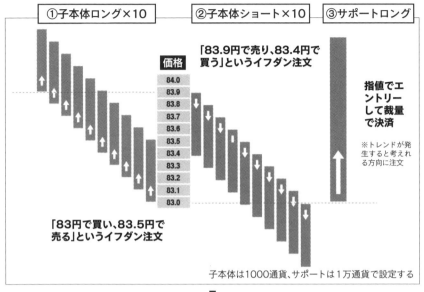

①子本体ロング×10　②子本体ショート×10　③サポートロング

価格
84.0
83.9
83.8
83.7
83.6
83.5
83.4
83.3
83.2
83.1
83.0

「83.9円で売り、83.4円で買う」というイフダン注文

指値でエントリーして裁量で決済

※トレンドが発生すると考えれる方向に注文

「83円で買い、83.5円で売る」というイフダン注文

子本体は1000通貨、サポートは1万通貨で設定する

83円から84円に上昇した場合

①子本体ロング➡＋4000円
10個の注文のうち6つの注文はそれぞれ500円の利益
残り4注文分はそれぞれ400円、300円、200円、100円の利益となる

②子本体ショート➡－5500円
ショートの注文を出して価格が上昇したため、すべて損失になる
1000円～100円まで、100円ずつ段階的に損失が出る

③サポートロング➡＋1万円
1円上昇したタイミングで利確する。利益は1円×1万通貨

＋4000円　－5500円　＋1万円　＝　8500円の利益

47

基本 lecture 023

土曜日・日曜日は
世界各国の為替市場が休み

Dakar

相場が動かないときこそ
準備を進める

土曜日と日曜日は、為替市場が休みだが、トレーダーとしてするべきことはある。トレードの振り返りと次週のシナリオ構築だ。チャートの右側のイメージ（つまり月曜日以降のレートの動き）を膨らませておくことはとても大事だ。また、相場観を養うために、トレード仲間と積極的に情報交換もしておきたい。

空いた時間を有効活用する

①振り返り
損益の計算、トレードの反省、パラメーターの設定の変更などを検討する

②翌週の予想
根拠とセットで、翌週のおおまかな値動きを予測する。次の週末に答え合わせ

③情報交換
ほかのトレーダーの話を聞き、自分にはない視点の情報や考え方を取り入れる

基本 lecture 024

FX会社のメンテナンス時間を
把握しておく

メンテナンス時間は
会社によって異なる

FXは24時間取引できるが、厳密には取引できない時間帯がある。

これはFX会社がメンテナンス時間としているもので、NYクローズから東京オープンの間、つまり取引の日付が変わるタイミングで、5分から20分程度の取引不可能な時間帯がある。

各社で若干開始時間が異なり、早いところでウェリントン市場の5時〜東京市場の8時までと幅がある。

この時間に取引する人は少ないと思うが、もしNY時間の遅くに取引する場合は、取引できない時間帯に突入することを知っておこう。

NY時間
メンテナンス時間 （取引不能）
東京時間

チャート・テクニカル

ローソク足やチャートパターン、テクニカル指標を使った分析など、
チャートから売買を判断できるテクニックを解説。
基本から応用まで、現役トレーダーが使う実戦に耐えうる技を紹介!

基本 lecture 025
高値安値は位置ではなく価格を比較する

上(下)抜けは
均衡が破られた証拠

FX相場の値動きは売り買いの結果であるから、過去の高値（ある期間のなかで最も高い値段のこと）や安値（ある期間のなかで最も安い値段のこと）は、売り手と買い手が均衡したポイントであるといえる。

よって、そこを上抜けたり下抜けるということは、それまでの均衡が破られるので、高値更新や安値更新が重要視される。

下の図は高値が意識されたときのチャートだ。12月1日には、11月28日に付けた高値にタッチし、そのあと反落している。

高値安値のおおよその位置ではなく、その価格を厳密に把握していないと、もっとも不利な価格で取引することになりかねないので、価格を比較するようにしたい。

価格は自分の思い込みではなく、厳密に現実を見ることが収益につながるのだ。

高値が意識された例
[米ドル円　1時間足　2022年11月23日〜12月2日]

切りのよい数字の手前で
利確する

膠着に巻き込まれずに
利益を確保できる

通常、下二桁、米ドル円の110.00であれば00、ユーロ米ドルの1.1500であれば00には大きな売り買いの注文とオプションのストライク（≒権利行使の価格）などが集中する。こうした節目付近では値動きが止まりやすかったり、逆に戻される動きも起こりやすい。これはトレードでも上手く使うことができる。

例えば、米ドル円を上昇相場で買い、ロングポジションを保有して100.00円に迫ってきた場合、その手前の99.80〜90付近で決済しておく。同様に下落相場で売りポジションを保有して110.00に迫る局面では110.10〜20で決済する。こうすることで、節目で売り注文や買い注文が並んでいる水準の手前で利確して、その後の膠着場面に巻き込まれずに確実に利益を確保できる。そのあとさらに動くなら、新たにポジションをつくって相場に入りなおせばよい。

確実に利益を確保する

利確

保有する為替が上昇し、
利益が目標に達した時点で売却して
利益を確定させること

水準の手前で利確すると、
膠着に巻き込まれない

利益確保の考え方

切りのよい数字を越える
ようなら新規で買いなおす

100.00円

順調に伸びたら
98.80〜90あたりで利確する

買い

買いを入れやすい
ローソク足の形①反転から買い

Dakar

複数のローソク足の
並びに着目する

下落相場が終了し、反転して上昇しそうだと考えたとき、下図のようなローソク足が出現すれば買いでエントリーするとよい。このローソク足の特徴は下ヒゲだ。下ヒゲのみで反転の判断をする手もあるが、現代の為替相場では、複数のローソク足の並びで考えたほうが、より優位性があると考えられている。

このローソク足で買いやすい理由は2つある。ひとつは、下ヒゲが出現する底のローソク足が、すでに陽線となっている点。陰線の後の底で出現した陽線に、大きな下ヒゲがついているところが心強い。

もうひとつは、下ヒゲの後に2本の陽線のローソク足を視認できる点だ。底の下ヒゲのついた陽線の後に陰線が出て再び下落が始まれば買いがためらわれるが、2本も連続して陽線が出ていれば、かなり安心して買えるというわけだ。

反転から買いを入れた例

[米ドル円 1時間足 2022年10月27日〜28日]

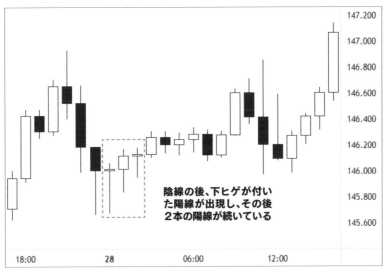

陰線の後、下ヒゲが付いた陽線が出現し、その後2本の陽線が続いている

ローソク足 ▶ 一定期間の始値、終値、高値、安値を表現した指標。始値と終値は太い枠（実体）で示され、始値終値の位置によって陽線・陰線となる。高値と安値はヒゲで表現される

買いを入れやすい
ローソク足の形②続伸で買い

Dakar

下落前の水準まで
戻していれば買い

上昇トレンドの途中では、やや長めの押し目が起きることがある。

これまでずっと上昇していたものの、突如陰線が連続したことにより、いくらか弱気になることもあるだろう。

そんなときは、この形状をイメージしたい。ポイントは、3連続で出現した陰線分の値幅を、次の2本の陽線で回収していることだ。

つまり、落ちるのに要した時間より短い時間で下落前の水準まで上昇しているわけだ。これだけの元気があれば、まだまだ上昇できると考えて、買いの判断をする。

さらに、チャート上にラインを引いて、相場の方向性を予測するライントレードで考えるならば、水平線の抵抗線ブレイクで買うトレードになる。下図に抵抗線の例を示したので、参考にしてほしい。

続伸で買いを入れた例

［ポンド円　1時間足　2022年7月6日］

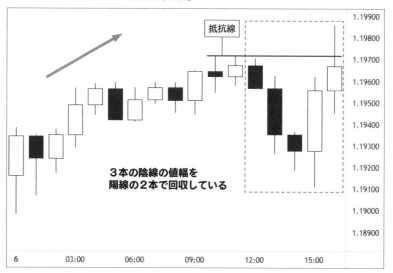

売りを入れやすい
ローソク足の形①反転から売り

トレードルールに従って
損切りを行う

反転が短期足で起きた場合、結果的に実需筋がつくり出していることも多い。東京時間では本邦の実需筋、NY時間では欧米の実需筋だ。

もし、買いポジションを保有しているときに比較的大きめな陰線が連続して2本出現したら、自身のトレードルールに従って損切りすることも大事になってくる。

てっぺんを付けたあと、再度同じ水準まで戻ってこられない展開が、最近は多く見られる。その場合、損切りしていないとかなり深手を負ってしまう。

ただ、今後下落する環境認識ができていれば、この展開は売りで入るためのサインにもなる。損切りにはなるが、売りでも入ったため、トータルでは大勝ちする結果になることも多い。ボラティリティ（価格の変動性）が出てきている相場ではしっかりエントリーしておきたい。

反転から売りを入れた例

[豪ドル円　日足　2022年8月30日〜9月26日]

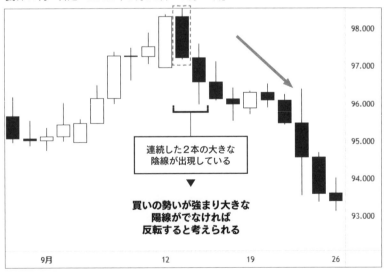

連続した2本の大きな
陰線が出現している

▼

買いの勢いが強まり大きな
陽線がでなければ
反転すると考えられる

短期足　　　▶ 1分足や5分足など短い時間軸のこと

基本 lecture 030 売りを入れやすい ローソク足の形②続落で売り

Dakar

陰線の完成を視認してから 売りに入る

下降トレンドの途中に、やや長めの陰線が出現した後、短い陽線が3本ほど出て上昇に転じるかと思いきや、再度下落を始めたもの。

まだまだ売られるだろうと考えているときにこのかたちが視認できると、売りで入るタイミングとして活用できる。

ポイントは、必ず図の点線の枠内のかたちが出来上がってからエント

リーすること。

特に、枠内の一番右端の陰線の完成をきちんと視認することはかなり重要だ。

下落する材料が出た直後だと、このトレードはかなり利益を上げることも多い。

私は職場で、東京時間のドル円チャート短時間足でこのかたちを見た場合、決済を急ぐことが多い。勤め先が輸出企業なので、円を買う取引が多いためだ。

続落で売りを入れた例

［ユーロ米ドル　4時間足　2022年10月4日〜10月10日］

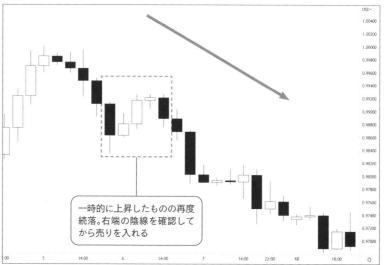

一時的に上昇したものの再度続落。右端の陰線を確認してから売りを入れる

環境認識　　　▶ 現在の価格がどのような状況にあるのか分析すること

基本 lecture 031　FX市場において誰もが儲けやすいのはトレンド相場

多少のタイミングのミスもトレンドがカバーしてくれる

　FXで最も重視すべきは取引タイミング（エントリー）だが、これが難しい。

　しかし大きな方向性、つまりトレンドに乗っていれば、多少タイミングが悪かったとしても、トレンドがミスをカバーしてくれるのである。

　米国の投資家ジョージ・ソロスが残した言葉「トレンド・イズ・フレンド」のように、トレンドを味方に

することが収益アップの第一歩といえる。

　ただし、そのトレンドをなにで判断するかは、時間軸はもちろんのこと、使うトレンド系テクニカルによっても違ってくるが、迷わず使い続けることで各テクニカルの特徴も理解できて使いやすくなる。

トレンド相場の例

［ドル円　日足　2022年3月～10月］

2022年3月ごろから2022年10月ごろまで約7カ月上昇トレンドが続いたことになる

トレンド系テクニカル　▶ ローソク足などのチャート上に表示させFX市場において、現在の相場の方向性を探るために用いられる指標

基本 lecture 032 トレンド終焉のサインは トレンドラインを引いて確認

ラインを割り込んだところで ポジションを一旦整理

トレンド発生下では、上昇トレンドであれば安値を継続して切り上げていく。

この安値を結ぶように斜めに引くだけでよい。

斜めにできた線をトレンドラインと呼ぶ。このトレンドラインを高値付近で割り込めば上昇トレンドの終焉を意味する。そのため、一旦ポジションは整理したうえで、その後は様子を見ながら売り場を探すのが有益だ。

下降トレンドの場合はその逆である。トレンドラインを割り込んだら、下降トレンドの終焉を意味することになる。

どちらにせよ、単純でだれでもわかりやすいサインとなるため、意識されるポイントにもなりやすい。

FXをはじめたばかりの人も、判断材料のひとつとして試してみるのもよいだろう。

トレンドラインを使った分析例

［ユーロ円　日足　2022年3月〜5月］

下落時は上昇時と反対に高値を結ぶようにトレンドラインを引こう

57

トレンドラインの引き方

平野朋之

2つのトレンドラインを理解する

トレンドラインは、トレンドの方向性や勢いを視覚的に判断するためのラインだ。

上昇トレンドの場合、安値と安値を結び、ラインを延長する。下降トレンドの場合、2つ以上の高値と高値を結び、そのラインを延長する。ローソク足がそのラインを超えた場合、トレンド転換と判断する。

ひとつのチャート上に数多くのラインを引き過ぎると迷いが生じるため、絞り込むことが大切だ。

ルールを設ければ、適切にラインを引くことができる。上昇トレンドでのトレンドラインを引く際は、スパイクとなっている安値同士を引き、その後、突出した安値が付いた場合は、それまでのラインを消し、新たに引き直すというルールを設けると便利だ。

トレンドラインの引き方の例

[米ドル円　日足　（左）2022年8月9日〜31日（右）2022年8月4日〜9月23日]

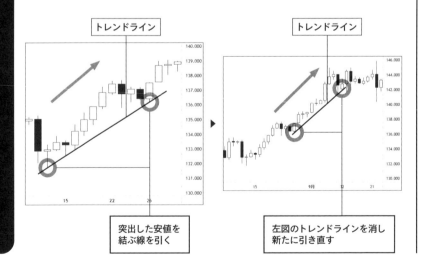

トレンドライン

トレンドライン

突出した安値を結ぶ線を引く

左図のトレンドラインを消し新たに引き直す

Zigzagを活用した 水平線の引き方

もちぽよ

高値や安値に着目して 水平線を引いてみる

水平線の引き方は人それぞれでさまざまな方法がある。

おすすめは、チャートにZigzagというインジケーターを使い、チャートを見ながら過去の目立つ高値安値や何度も揉み合っているポイント付近、節目（ラウンドナンバー）に線を引いてみること。

特に、前後の動きと比較して大きく動いてから高値安値を付けたポイントや、高値安値を形成してから大きく動いたポイントに注目したい。

その後の値動きでポイント付近が意識されて反発したり、抜けてから大きく動くことがよくあるため、予め水平線を引いておくとよい。

その際には、機能してないと判断できる水平線は削除して、常に3〜4本程度になるようスッキリさせておきたい。

余計な負けを減らすコツといえるだろう。

水平ラインの例

［ポンド米ドル　4時間足　2021年11月2日〜12月8日］

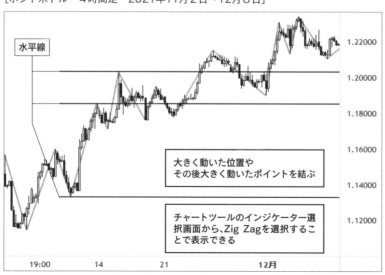

水平線

大きく動いた位置や
その後大きく動いたポイントを結ぶ

チャートツールのインジケーター選択画面から、Zig Zagを選択することで表示できる

基本 lecture 035

抵抗線・支持線から逆張りを考える

Dakar

中期の時間足でサインがあれば逆張りを検討する

チャートを見ると、ローソク足がある価格やラインを超えづらい（または下抜けしづらい）状態になっていることがある。その価格やラインを、それぞれ抵抗線（レジスタンスライン）、支持線（サポートライン）と呼ぶ。どちらもチャートで見ると、ローソク足の並ぶなかで斜めに引くトレンドラインだが、ローソク足の上側か下側かで、名称が異なる。

上側にあるのが抵抗線で、下側にあるのが支持線だ。

抵抗線の引き方は、ローソク足の高値を結んで引き、支持線は、ローソク足の安値を結んで引く。

中期の時間足において、上昇相場の支持線、下落相場の抵抗線が引けた場合、短時間足に移行して逆張りのタイミングを見定めるという戦略は、私のテッパンのやり方のひとつである。

下降トレンドの抵抗線の例

［ユーロ米ドル　1時間足　2022年10月31日〜11月4日］

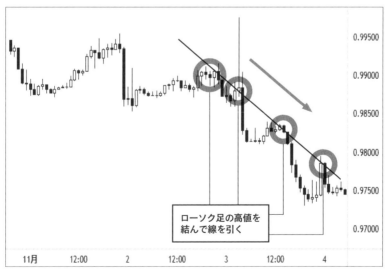

ローソク足の高値を結んで線を引く

基本
lecture
036

ダウ理論の3つのポイントを意識しながらトレンドを見ていく

3つのポイントを押さえる

テクニカルの基本がダウ理論。為替の方向性を占うのにも十分使える。

その根幹をなすのは、①高値が更新され安値が更新されないのが「上昇トレンド」、②高値が更新されず安値が更新されるのが「下降トレンド」、③直近の高値・安値の動きが逆転したときが「トレンド転換」となる。実際にトレードに使う場合、普段1時間足で取引しているのであ

れば、日足から方向感を確認する際にローソク足単体だけでなく、ダウ理論を使い組み合わせを見ることで現状が上昇トレンドなのか、下降トレンドなのか、それともトレンド転換なのかを判断できる。

それらを判断し短い時間軸でチャートを見ることで、その日の目線を固定できる。トレンドフォロー（流れに乗る）に向いたテクニックと併用するなど、別の分析方法と組み合わせて活用するとより精度が上がる。

ダウ理論の3つのポイント

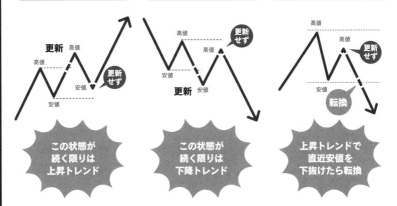

①上昇トレンドの条件

更新
高値
安値
高値
安値
更新せず

この状態が続く限りは上昇トレンド

②下落トレンドの条件

高値
安値
高値
更新せず
更新
安値

この状態が続く限りは下降トレンド

③トレンド転換の条件

高値
高値
更新せず
安値
転換

上昇トレンドで直近安値を下抜けたら転換

ダウ理論　▶ 米国のチャールズ・ダウ氏が提唱したチャート分析理論のこと。6つの法則から構成されている

マルチタイムフレームを使ってダマシを減らす

応用
technique
037

平野朋之

ポジションを建てて
トレードを行う

マルチタイムフレーム分析とは、トレードを行う際にいくつかの異なる時間軸チャート設定し、分析を行う方法のこと。

例えば、15分足でトレードを行う場合、その15分足のチャートだけを確認してエントリータイミングを探るのではなく、それよりも上の時間足チャート（4時間足など）も確認することでテクニカル上のダマシを減らせる。

一般的に、短い足でトレードを行うほど、目先の値動きだけを追いかけてしまう傾向がある。そのため、肝心な大きな流れを確認し忘れてしまうことがあるかもしれない。

あらかじめ大きな流れに沿ってポジションを建ててトレードをすれば、実際にトレードを行う時間足の向きが、それよりも上の時間足の流れと同じ向きに傾いた時にだけポジションを取ることになるため、無駄なトレードを減らすことにつながるのだ。

具体的には、1時間足でポジショ

ンを取るタイミングを模索しているときに、同時に日足を表示することで、その1時間足のローソクが日足よりも上に位置しているときに、買いポジションを取るイメージとなる。

時間足の
組み合わせに注意する

ただし、マルチタイムフレームを採用する際には注意点がある。

例えば、5分足でトレードを行う場合に、日足（または週足）の流れを確認すると、時間軸の差が大きくなり過ぎ得策とはいえない。

参照する時間足の組合せ例は次の通り。15分足と4時間足、30分足と4時間足、60分足と日足、4時間足と週足、日足と週足で組み合わせるとよいだろう。

トレードを行う際は、実際に目先の値動きばかりに惑わされないことが大切。その上の時間足チャートのトレンドを確認することは大切だが、同じく時間足同士の組合せも重要となるのだ。

日足と1時間足を比べた例

[米ドル円　1時間足　2022年3月17日〜18日]

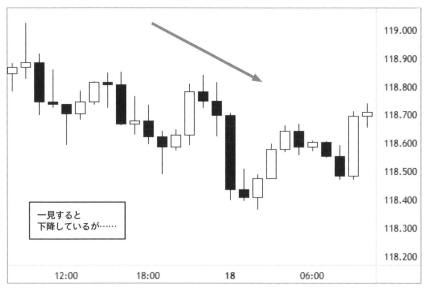

一見すると
下降しているが……

[米ドル円　日足　2022年2月24日〜5月5日]

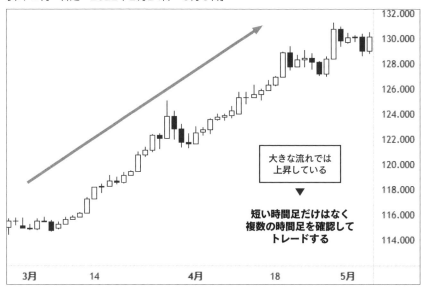

大きな流れでは
上昇している

▼

短い時間足だけはなく
複数の時間足を確認して
トレードする

基本 lecture 038
相場のトレンドは上位足に注目しながら流れを判断する

上位足と同じ向きでエントリーする

ひとつの時間軸だけを頼りにトレードするだけでは、思惑通りに勝ちきれないことがあるだろう。

相場のトレンドを判断するには、自分の考えている時間軸より長めの時間軸（上位足）に注目すると流れを把握しやすい。

例えば1時間足でトレードする場合は、日足を基準にするとよい。

大きく日足が陰線か陽線かを判断して、その日のトレンドの参考にしよう。

買いで入る場合は、日足が陽線をつけており、かつ1時間足の値動きが高値をつけたあとに下落に転じ、底打ちから反転上昇するところで買いに入ることができればベストといえる。

上位足が同じ方向であることで、こうした押し目が形成されたあと、さらに下がることは少ないと考えることができる。

2つの時間軸で見るときのイメージ

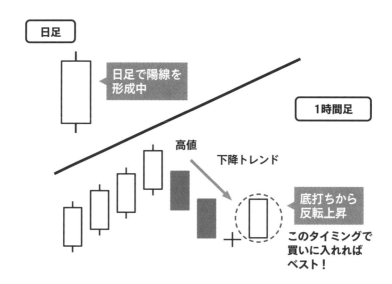

日足

日足で陽線を形成中

1時間足

高値

下降トレンド

底打ちから反転上昇

このタイミングで買いに入れればベスト！

簡単そうに見えるが実は難しいレンジ相場の取引

損切り幅を設定する際には特に慎重になるべき

上値下値が狭い範囲で膠着したレンジ相場は、上限近くで売って下限近くで決済し、また下限近くで買って上限近くで売れば、小さな利幅でも何度も取引できる。

しかし実際には上下幅が固定されているケースより、徐々に狭まったりするケースも多い。

そうした場合、利幅がより小さくなるうえ、レンジは壊れ急激な動きになりやすく難しい相場ともいうことができる。

特に損切りが甘いと大きな損につながりやすいので、コツコツと小さな利幅で稼ぎながら、大きな反対方向への動きでドカンと損をすることになりかねない。十分注意したうえで取引しよう。

レンジ相場入りを確認するにはチャートに水平線を引く

やり方は単純ではあるが高い効果が見込まれる

水平線を引くことで、価格がレンジ相場に入っていることを確認できる。相場の中で実際にトレンドが発生するのは1年のなかでせいぜい2～3ヵ月程度だ。残りの期間はレンジ相場、つまり持合いが継続する。日足や週足で水平線を引くことで、長期的な方向性を確認できるためぜひ実践してもらいたい。

水平線を使った分析例

[豪ドル円　週足　2013年～2022年]

水平線

4年間レンジ相場となった

水平線

2020年3月に安値を突破

65

取引の活発さを表す
出来高を確認する

もちぽよ

取引の値動きは
出来高に応じて左右する

チャートは平日24時間動き続けている。しかし、常にたくさんの相場参加者がいたり、同じ資金量が流入しているわけではない。

参加者や資金の流入が少ないときはそれに応じて、活発さと値動きは乏しくなる。

例えば、出来高が多ければ、多くの参加者が取引に参加していると判断でき、逆に出来高が少なければ、取引に参加する参加者が少ないことになる。

出来高は、その与える影響からボラティリティともいわれるが、私の場合、スキャルピングやデイトレード、短期トレードをメインに行っているため、出来高を常に意識している。

値動きが乏しければ、テクニカル指標が当てはまりにくくなる。

例えば、普段なら勝ちやすいトレードパターンでエントリーしたとしても、イレギュラーな動きになりやすいのだ。短期トレードであれば、とにかく値幅が取れない状態になるのだ。

短期トレードで出来高を意識していくなら、傾向を体感として覚えていきたい。

東京時間の朝は値動きが乏しい傾向にあるものの、ロンドン時間前後からは値動きが活発になってくるといった特徴がある。

MT4を使って
出来高を把握する

もちろん、傾向が毎日同じように当てはまるとは限らない。

常に出来高を把握できるように、MT4（テクニック084参照）のオリジナルインジケーターを使用して値動きが活発かどうかを確認しよう。

「HT_Volatility_INFO」というインジケーターを使えば、視覚で出来高を明確に捉えることができる。

ボラティリティを判断し、規定よりも低い数値であった場合、警告マークを表示中央に表示させることができる優れものだ。

インジケーターを駆使すれば、無駄なエントリーを減らすことができる。

出来高を捉えるためインジケーターを導入した画面

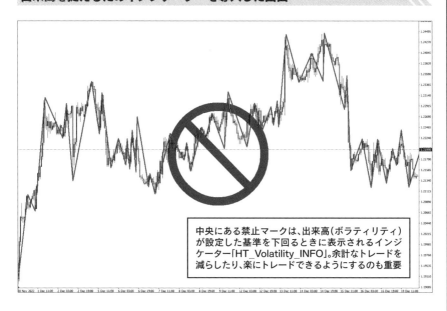

中央にある禁止マークは、出来高（ボラティリティ）が設定した基準を下回るときに表示されるインジケーター「HT_Volatility_INFO」。余計なトレードを減らしたり、楽にトレードできるようにするのも重要

ボラティリティ	金融資産の価格変動率

相場の動きが大きい	相場の動きが小さい
∥	∥
ボラティリティが高い	ボラティリティが低い

ボラティリティは、時期などによって変動する

VIXが安定しているなら 高金利通貨買い

安定は「リスク資産の 買いの継続」を示唆している

VIX指数の正式名称は「ボラティリティ・インデックスで」、米国の株式指数であるS&P500の変動率を示す。

相場は欲望と恐怖の心理戦、市場の混乱や恐怖感がVIXに現れ、別名「恐怖指数」とも呼ばれる。

2017年は数十年来の低位安定が話題になっていたが、この安定はリスク資産の買いの継続、高金利通貨の買いを示唆していた。

その後、2018年2月ごろから高騰するようになり、2020年3月には65.54という非常に高い数字を出している。

おおむね20が目安でこちらを超えると株価には調整要因、為替市場ではリスクオフ、つまり円高要因と捉えておきたい。

応用
technique
043

株や為替の相場が崩れる場面は 短期間での稼ぎどころ

⚠ リスク大

売りが売りを呼ぶと 短期間で利幅が大きくなる

長い上昇トレンドの後、その上げ幅を短期間で戻すような売り相場が発生することがあり、プロトレーダーはこうしたときに売りで儲ける。ただし、値動きが激しすぎると、テクニカルが機能しづらく、約定価格が指定通りにいかないといったリスクも存在するため、初心者が安易に手を出すのは危険である。

買い相場と売り相場のイメージ

[ユーロ円 4時間足 2022年12月12日～23日]

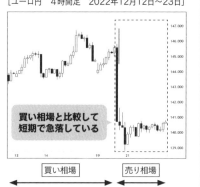

買い相場と比較して 短期で急落している

買い相場　売り相場

ショートカバー　▶ 売りポジション（ショート）を買い戻す、もしくは解消すること

実需の裏付けのない投機取引の特性を利用する

応用
technique
044

同じ値段であったとしても値動きで意味は異なる

　FXも投機取引のひとつだ。投機で買い建てられたものは時間の経過後は反対売買で売りとして決済される。

　例えば、東京時間の米ドル円の始値が110円で開始後、米ドル買い優勢で111円に到達、その後予期せぬニュースが飛び出し再度110円に戻り、「売り」局面へ入る。このあとの展開は110円の上に評価損を抱えたロングポジションが多数存在する

ことになる。

　つまり、その後は安値模索＝下落の展開となりやすい。反対に始値110円で109円到達後の110円への戻りはショートカバーからの高値追いの展開となりやすくなる。同じ値段をつけていても値動きの中身を考えると、値段の意味が違ってくる。この動きをローソク足で考えると、上昇して下げた場合は上ヒゲ、下げてから戻した場合は下ヒゲとなる。参加者心理を理解するうえでローソク足が有益だ。

「行って来い」のイメージ

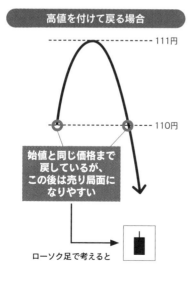

高値を付けて戻る場合

111円

110円

始値と同じ価格まで戻しているが、この後は売り局面になりやすい

ローソク足で考えると

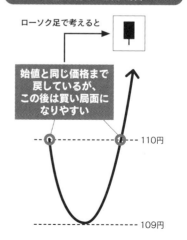

安値を付けて戻る場合

ローソク足で考えると

始値と同じ価格まで戻しているが、この後は買い局面になりやすい

110円

109円

評価損　　　▶ ポジションを市場価格で計算したとき、損失が出ている場合の損失額

酒田五法①
宵の明星を用いたトレード

Dakar

■ ローソク足の本数が
下落判断のカギ

宵の明星は酒田五法のなかでも三川のひとつ。

宵の明星は、星出現後のローソク足が陰線になっている酒田五法のことを指す。

星は、前のローソク足との間に窓を伴って形成された小陽線や小陰線のこと。

相場環境認識から反転のタイミングを見計らっていたときに上ヒゲが出現したら、それをトレード根拠にして次のローソク足で売りで入るというやり方がある。

宵の明星を利用したトレードは、ローソク足の本数という側面でより優位性を付加したもの。

足元の相場環境認識に自信があるときにはさらに有効だ。

上ヒゲだけで売りのエントリーという判断をしてもよいが、明確に予測するためにはある程度のローソク足の本数が必要。

さらにその次のローソク足が陰線になるところまでを見て、下落の判断をしたい。

■ 宵の明星出現後の
下落幅を考える

現代の為替相場で宵の明星を利用して勝つにはコツがある。

宵の明星の3本のローソク足が出現した後の下落幅を、トレードにおけるシナリオ構築にあたってきちんと考え抜いておくことが重要だ。

これができているかどうかで、最終的に懐に入ってくる利益が2倍、3倍も変わってくるのだ。

これを実行するにあたってのポイントは、下落するであろう値幅をあらかじめ考えておいて、その値幅分下落するまではトレードをやめないことにある。

大陰線のあと、瞬く間に大きく下落することは、現在の為替相場では起きにくい。

大陰線のあとに、小陽線や小陰線が数本、数十本と続く可能性もあることまで考えておこう。

ジリジリとでも下落していくのなら、きっちりその値幅に関してはエントリーしていく。

宵の明星には、そうしたトレードをする際に優位性がある。

酒田五法 ▶ 江戸時代に米相場で活躍した本間宗久によって考案されたテクニカル分析。「三山」「三川」「三空」「三兵」「三法」のチャートのパターンがある

宵の明星の考え方

ローソク足の形状

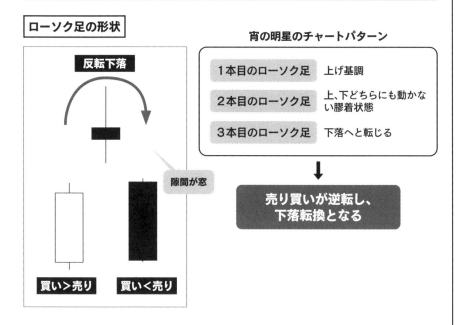

反転下落

隙間が窓

買い＞売り　買い＜売り

宵の明星のチャートパターン

1本目のローソク足	上げ基調
2本目のローソク足	上、下どちらにも動かない膠着状態
3本目のローソク足	下落へと転じる

売り買いが逆転し、下落転換となる

[米ドル円　1時間足　2022年7月29日〜8月1日]

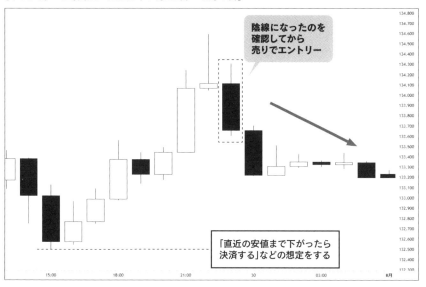

陰線になったのを確認してから売りでエントリー

「直近の安値まで下がったら決済する」などの想定をする

明けの明星　▶ 相場の反転の目安。下降時に出現するとき、反転して上昇のサインとなる

酒田五法②
流れ星を用いたトレード

Dakar

流れ星は
上昇トレンド終焉のサイン

流れ星は宵の明星の一種。

宵の明星のうち、真ん中のローソク足がとりわけ長い上ヒゲを伴うかたちが流れ星だ。

このローソク足は、小さな実体と長い上ヒゲで構成される。

下ヒゲはない場合がほとんどで、あってもかなり短い。星が出現した次のローソク足が陰線となるのが宵の明星だが、流れ星はその条件をさらに厳選したかたちだ。

このパターンは、上昇トレンドの終わりによく現れ、トレンド反転を示すことが多い。

このときにポジションを保有していた場合、今後予期される下落による損失を回避するために、ポジションを解消するシグナルとしてこのパターンを使用する。

そのときの損切りの仕方は、いわゆる刻みではなく、一括決済が望ましい。強烈に下落していく可能性があるからだ。このあたりは流れ星という名称のとおり、あっという間に下方向に流れていくことも多い。

経済指標が発表される時期は
大転換の期待大

現代の為替相場では、流れ星が視認できるパターンのひとつに重要な経済指標発表時が挙げられる。中期のチャートで流れ星が出現したときなどはまさに大転換のタイミングになる。

ポジション未保有の場合にこのかたちに遭遇できたら、売りで入るタイミングを見極めるために有効活用するべきだ。デイやスキャルピングなど、短い時間足で勝負する場合は、複数の時間足を確認してからエントリーしたい。

また、テクニカル的な視点で考えた場合は、ラインタッチのタイミングがよい。真ん中のローソク足の上ヒゲが前回高値などのラインにタッチし、次のローソク足が陰線になったのを見極めたなら、同様に売りで入ろう。

この場合、宵の明星のなかでも流れ星のかたちが特に使いやすくなる。その理由は、上ヒゲが長いので、よりラインとの絡みを視認しやすくなるからだ。

反転を示す流れ星

ローソク足の形状

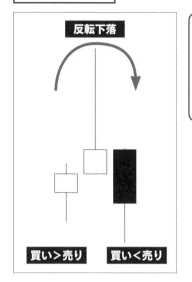

反転下落

買い>売り　　買い<売り

流れ星のチャートパターン

1本目のローソク足	上げ基調
2本目のローソク足	長い上ヒゲが付く
3本目のローソク足	下落へと転じる

↓

売り買いが逆転し、下落転換となる

[ユーロ米ドル　15分足　2022年12月9日〜12月12日]

売りの勢いが強まったことで長い上ヒゲが発生。売りエントリーのチャンスとなる

流れ星

酒田五法③
陰の両つつみを用いたトレード

Dakar

3本目が完成したら買いを入れる

ローソク足3本で成り立つ酒田五法を三川という。陰の両つつみは酒田五法の三川のひとつ。

陰線をより長い陽線が両サイドで包んでいることから、陰の両つつみと呼ばれる。陰の両つつみは、底値圏から上昇に転じていくときに見られるパターンとされている。

酒田五法のポイントは、「3本目まできちんと完成してからエントリーすること」にある。当然ながら、3本目が完成しないと、それが陰の両つつみかどうかわからない。

3本目まで完成したら買うというルールが守られないケースは多く、陰の両つつみの3本目の始値で買ってしまう人も少なくない。この点は注意したい。

照準をあらかじめ絞っておく

陰の両つつみは、昼間働いて帰宅後にトレードをする人にとって、取引しやすい時間足がいくつか存在する。

ここからかなり現実に沿った話になるが、ローソク足3本というのは、短い時間足であればすぐに時間がすぎてしまうが、例えば日足などの場合、逆に待つ時間が長く感じられるだろう。

日足であれば、月曜日から見始め、完成するのが水曜日、ようやく木曜日にエントリーといった流れになるためだ。その点、筆者が陰の両つつみをよく意識する時間足はだいたい決まっている。

例えば4時間足なら、右図で示したように、冬の日本時間で11:00、15:00、19:00と4時間ごとにチャートを見ていく。そして23:00でエントリーするというシナリオはひとつのパターンだ。

ここで重要なのは、最初から19:00、23:00あたりに照準を絞っておくことだ。

もし3本目が陽線になったとしても、2本目の陰線よりも実体が短ければ、陰の両つつみは完成しない。

照準を絞っておけば、陰の両つつみに限らず、逆算してトレーディングプランを練ることができる。

陰の両つつみの例

［米ドル円　4時間足　2022年8月15日〜22日］

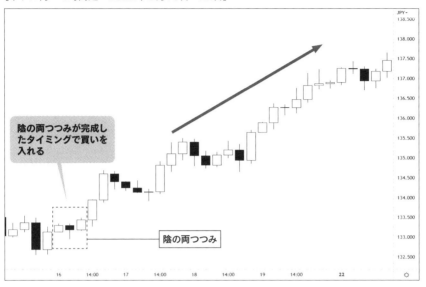

吹き出し：陰の両つつみが完成したタイミングで買いを入れる

陰の両つつみ

エントリー例（4時間足の場合）

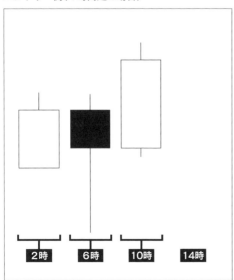

2時　6時　10時　14時

逆算して
トレーディングプランを練る

14時にエントリーする前提で
チャートを見ておく

↓

陰の両つつみが
完成するまでの時間を
最適なチャートを見つける
ための時間に活用できる！

75

酒田五法④
天井打ちを暗示する三羽烏

Dakar

坊主三羽と同事三羽は強い下落サイン

　3本連続で下落する陰線のローソク足を、三羽烏という。

　ローソク足の陰線は黒で表すことが多く、カラスのようにみえることから黒三兵とも呼ばれる。

　特に、為替相場の上昇が長く続いた後の三羽烏は、今も昔も変わらず、相場の天井打ちと反落を暗示するサイン。

　三羽烏のなかでも特に優位性があるのが坊主三羽、同事三羽だ。

　坊主三羽は、下ヒゲのない陰線が3本続けて出てくる展開で、同事三羽は、前のローソク足の終値が次のローソク足の始値になる状態が2回続く展開を指している。

　いずれにしても、三羽烏が出た時は、逆らいようがないほどの下落圧力が相場に生じていることが多い。

　三羽烏を経て、大陰線が出現する、というパターンも決して少なくないのだ。

同事三羽の例

[米ドル円　4時間足　2022年7月26日〜8月2日]

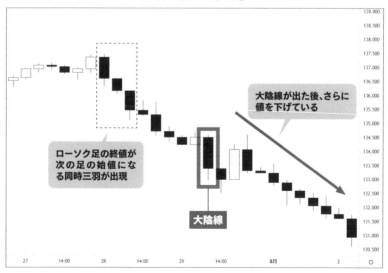

大陰線が出た後、さらに値を下げている

ローソク足の終値が次の足の始値になる同時三羽が出現

大陰線

基本
lecture....
049

酒田五法⑤
三尊天井で売りの判断をする

Dakar

■ エントリーのタイミングを 見極める

　ヘッドアンドショルダーという有名なチャートパターンがあるが、その別名を三尊天井と呼ぶ。

　三尊天井は、3つの山のうち真ん中の山が一番高く、高値圏内で形成される。

　この三尊天井は、酒田五法の三山の分類のひとつだが、同じく酒田五法には、似たかたちの大天井と呼ばれるものもある。真ん中の山のみを指すか、あるいは3つの山全体を指すかによって名称が異なる。

　三尊天井は、環境認識が下落である場合、三山は売りでエントリーするタイミングを教えてくれる。

　三山のなかでもエントリー機会が少ない傾向にあるものの、視認できれば強い武器になり得る。

　単純にトレードで三山を使う場合は、形成条件が緩いため判断に迷うこともあるが、エントリー機会に恵まれるともいえるのだ。

■ 三尊付近の動き

[英ポンド米ドル　4時間足　2022年8月30日〜9月23日]

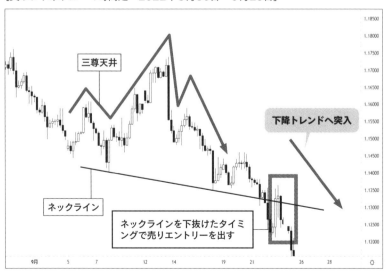

上昇トレンドの継続を示す アセンディングトライアングル

■トライアングルは 上昇トレンド継続のサイン

アセンディングトライアングルは、水平線となる抵抗線と上昇のトレンドラインの2本の線によって形成される先細りの三角形だ。

アセンディングトライアングルは、一般的に上昇トレンドが継続することを示す指標。上昇局面でこの形が見られれば、テクニカル要因によってさらなる上昇が示唆される。安値が切り上がり、買いが優勢となっていると判断できるからだ。こういう局面では、抵抗線を突破するシナリオを描いておくとよい。

一般的に、アセンディングトライアングルでは、三角形が形成される直前にあったトレンドと同じ方向に、ローソク足が推移していく。

■抵抗線とトレンドラインを 引いてみる

まずは、チャートの高値を意識しながら、抵抗線となる水平線を引いてみよう。大体で構わないので、直線でつなげそうなラインが透けて見えたら、線を引く。

次に、切り上がった安値をつな

ぐ。このとき、全ての安値をつなごうとせず、安値を結んでいき、右肩上がりのラインを引く。抵抗線もトレンドラインも、引けそうだと思ったら引いてみる姿勢が大切である。

売り圧力がありながらも、安値を更新できない相場状況で抵抗線を貫通したら、売り圧力はほぼ消滅したことを意味する。そのため、価格はこの後大きく上昇すると考えることができる。直近の高値を破ったタイミングで買うとよい。

優位性のあるタイミングは、抵抗線の突破後、プルバック（利益確定の手じまいなどのために、一時的に相場が反対方向へ動くこと）を挟んで再度上昇するタイミングになる。

アセンディングトライアングルは、水平線と上昇のトレンドラインという明確な2つのラインが引ける展開だ。叩き落される力に勝る上昇のエネルギーを相場から感じたら、まずはラインを引いてみよう。

上抜けのアセンディングトライアングル

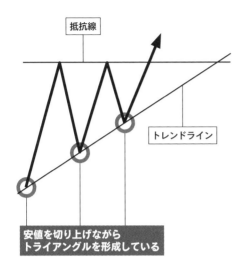

抵抗線

トレンドライン

安値を切り上げながら
トライアングルを形成している

線の引き方と
エントリーポイント

①チャートの高値を意識して
抵抗線を引く

②切り上がった安値に
支持線を引く

➡抵抗線を上抜け
直近の高値を上回ったら買い！

[ユーロ円　4時間足　2022年4月20日〜6月1日]

ダブルトップからみえる
最近の下落傾向

Dakar

ネックラインを下回った後
さらに落ちたら売り

近年みられるダブルトップは、2つ目の山をつくった後、下落部がネックラインまできちんと落ち切る傾向にある。その場合、ダブルトップは80%以上の確率で反転する。なぜなら、ひとつ目の山の左斜面、つまりダブルトップがはじまる場所と、中央の谷でつかまっていたトレーダーが、買いに入るからだ。そこがショート勢の同値撤退水準（自分の付けた売り値で買うこと）となる。あきらかに下落している相場において、その流れに逆らうように上昇しようとする力は、断続的に続くことが多い。2020年以降のダブルトップでは、こうした力が一定の価格水準ではたらくことがある。

売りのタイミングは、2つ目の山の下落部がネックラインまで落ち切り、何度か反転しながらチャートが叩き落とされる水準となる。

近年見られるダブルトップ

[ユーロ米ドル　週足　2018年4月23日〜2022年4月28日]

ダブルトップ

ネックライン

ネックラインまで落ち切った後反転を繰り返しさらに落ちている

1.25000
1.20000
1.15000
1.10000
1.05000

2019　2020　2021　2022

ネックライン　▶ 上図におけるトレンドの転換点を示すライン

下落のトレンド転換を示す ヘッドアンドショルダー

Dakar

3つ目の山が終わったところでエントリーする

　3回天井をつけて、その全てが売り方に押し戻されるチャートが形成されたとき、真ん中を「頭」、左右を「肩」と見立て、ヘッドアンドショルダーと呼ぶ。3つの山のうち、中央の山が最も高い。

　ヘッドアンドショルダーのシナリオを描く環境認識は、上昇トレンドから下落トレンドへ移行していくタイミングだ。

　トレンドの転換期にヘッドアンドショルダーを見つけたら、エントリーポイントに焦点をあてていこう。3つ目の山が終わったところでエントリーするのがベスト。しっかり売りでエントリーしよう。

　利確水準を決めるには、ヘッドの高さを参考にする。つまり、2つ目の山のてっぺんからネックラインまでの値幅だ。この値幅分を、ネックラインから下方向にスライドさせて考えよう。

ヘッドアンドショルダーのエントリー例

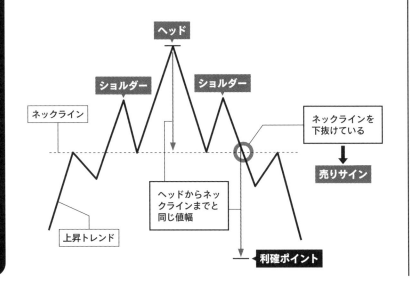

応用 technique 053

ダブルトップ・ダブルボトムは MTFでダマシを減らす

もちぽよ

マルチタイムフレームで ダマシを減らす

80ページで解説したダブルトップや、その派生形であるダブルボトムは定番のチャートパターンだ。しかし、これらの形を覚えてチャートに当てはめてトレードしても、うまく利益を取れている人は少ない印象がある。

その原因は、多くの人が、自身が使う時間足のみでダブルトップ・ダブルボトムを探すことだと考えられる。相場は大きい時間足があり、そのなかで小さい時間足も動いていく……まるでマトリョーシカのように、大きい時間足の波のなかでは、小さい時間足の波によるトレンドやレンジを形成している。1分足や1時間足、日足であっても、すべての時間軸は関連しているということを頭に入れてチャートを見ると、多くの発見がある。つまり、MTF（テクニック053参照）を活用するのだ。

ポイントは上位足で トレンドを確認すること

ダブルトップは、下落を示す

チャートパターンだ。例えば、5分足でダブルトップを形成した後にしっかり下がっていく場合と、実はダマシで、上昇トレンドになる場合がある。その見極め方のひとつは「上位足が下降トレンドか」「上位足が戻りをつけているか」を確認することだ。

1時間足で戻り目があれば 5分足などを確認する

右ページに、5分足のローソク足と1時間足のチャートを表示した。1時間足（上チャート）が下降トレンドで戻りをつけているポイントであれば、その後も下がる可能性は高いと考えられる。

そのとき、1時間足の戻りが抵抗帯となって、5分足（下チャート）や15分足では何度も上昇を抑えられ、ダブルトップを形成しているケースが多く見られる。

そういったタイミングを把握しておくことで、上位足の下がりやすい状況からのチャートパターンで優位性のあるエントリーを狙うことが可能だ。

上位足   ▶ 現在見ている足よりも時間の長い足のこと

マルチタイムフレームにおけるダブルトップ

[英ポンド円　1時間足　2023年1月13日〜14日]

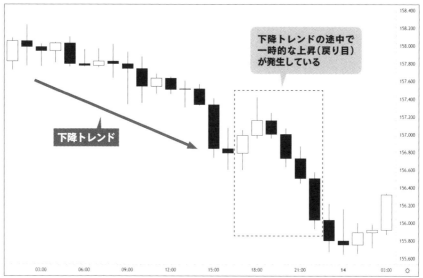

下降トレンドの途中で
一時的な上昇（戻り目）
が発生している

下降トレンド

▼ 5分足で同じ時間帯を見てみると……

[ポンド円　5分足　2023年1月13日]

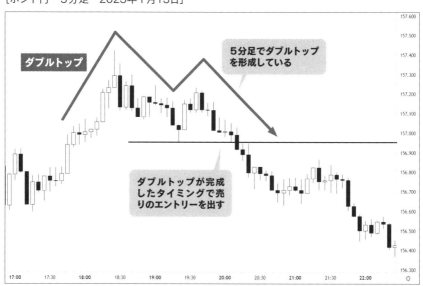

ダブルトップ

5分足でダブルトップ
を形成している

ダブルトップが完成
したタイミングで売
りのエントリーを出す

応用 technique 054

ペナントはダマシが多い
チャートパターン

Dakar

ペナントだけでの
判断はダマシが多い

ペナントは、チャートの形がペナント（三角形の旗）のように見える状態。だんだん値幅がなくなっていき、上にも下にも偏らず、上下動を繰り返しながらじわじわと中央付近に収斂していく点が特徴だ。その後、抵抗線を上抜け（または支持線を下抜け）たらその方向に価格が大きく動きやすくなる。

あくまでこうしたチャート形状を「ペナント」と呼ぶだけであって、値動きを決めるものではない。トレーダーがこの形をトレードに生かしたい場合、ルールをつくる必要がある。トレーダーにとって問題なのは、「抜けた後にどう攻めるか？」である。

例えば、ほかの判断材料によって上抜けるシナリオを描いているときにペナントが出現したら、買うタイミングを見定めるためにこのチャートパターンを意識しよう。

ペナントにおけるダマシ

[豪ドル円　1時間足　2023年1月4日〜9日]

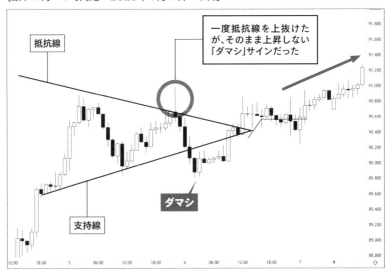

抵抗線

一度抵抗線を上抜けたが、そのまま上昇しない「ダマシ」サインだった

支持線

ダマシ

応用 technique 055

トレンド発生後に現れやすいウェッジ

Dakar

上下いずれかに傾く形状

ウェッジは、トレンドが小休止している状況では頻繁に出現するチャートパターンで、ペナントのような三角持ち合いだが、違うのは、上下どちらかに傾いていく点である。

ウェッジを参考にすることで、その後のトレードのシナリオを描くことができるが、ペナントと同様、単なるチャート形状の名称であり、その後の値動きを必ず決めるわけではないため、ダマシに注意が必要である。

現れやすい相場展開には特徴があり、だいたいトレンド発生後に出現する。また、短い時間足でウェッジを視認することが多いのは、ロンドン時間が終わった後のNY時間開始直前などだ。ボラティリティが出る直前にウェッジを形成したチャートが、NY時間の開始で一気に動き始めることが多い。

ウェッジにおけるダマシ

[英ポンド円　15分足　2023年1月26日]

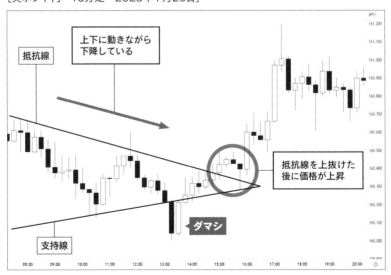

ロンドン時間・NY時間　▶　各国でFXの取引が多くなる時間帯。ロンドン時間は、主に16時〜午前2時。NY時間は、主に21時〜翌6時（いずれも日本時間）

85

トレンド系とオシレーター系の指標を使い分ける

基本 lecture 056

もちぽよ

■ 特性を理解して指標の使い分け・組み合わせを行う

テクニカル分析でのインジケーターには、移動平均線やボリンジャーバンドといった「トレンド系」、RCIやストキャスティクスといった「オシレーター系」がある。トレンド系は、トレンドの始まりや終わりを分析でき、順張りでよく使われる。オシレーター系は売られすぎ・買われすぎを分析でき、逆張り

でよく使われる。

さらにこれらのインジケーターを組み合わせることも可能だ。移動平均線で買いエントリーを狙う場合、グランビルの法則（テクニック059参照）を当てはめ、押し目や戻りを狙うことがある。もし、その買いポイントでオシレーター系の指標が売られすぎを示した場合、比較的値動きが上昇しやすいため、補足の判断材料になるのだ。

トレンドフォローに最も適した移動平均線の使い方

基本 lecture 057

■ 移動平均線は21・75・200で組み合わせる

複数の移動平均線を表示させることで自分の立ち位置を正確に把握することができる。最もよいといえるのは短期、中期、長期の3つを同時に表示させる方法である。

移動平均線を日足で使う場合、1カ月で短期、3カ月で中期、1年で長期と考えるのが一般的で、その間の営業日との兼ね合いで21-75-

200が使われるケースが多い。

この方法で一番理想的なシチュエーションは3本が同じ方向に走っている時で価格が短期（21SMA）に戻ったタイミング。

これは正に中期（75SMA）と長期（200SMA）のトレンドに乗りつつ、短期が戻ったところでエントリーする典型的なトレンドフォロー（流れに乗る）の取引方法となる。

押し目・戻り
▶ 押し目は、上昇トレンドに現れる一時的な下落。順張りでの買いポイントになりやすい。
戻りは、下降トレンドに現れる一時的な上昇。空売りのポイントになりやすい

直近の値動きに反応する移動平均線の特性

SMA以外の移動平均線ではEMAを使うのが無難

最もシンプルな単純移動平均線（SMA）は参照期間内の平均を反映するが、人より先に相場を掴みたいなら、直近の値動きに敏感に反応してくれるほうが望ましい。

SMA以外に代表的な移動平均線に「指数平滑移動平均線」（Exponential Moving Average＝EMA）と「加重移動平均線」（Linear Weighted MovingAverage＝WMA（LWMA））がある。

両者ともしくみは違うが、SMAと比較してどちらも直近の値動きに対して敏感に設計されている。MT4などの高機能なFXツールでは標準装備されている。MT4の場合、デフォルトの「Moving Average」を選択し、パラメータのタブで「移動平均の種別」からEMA、もしくはWMAを選択しよう。EMAを意識する人のほうが多く、EMAでは反応しやすくなるので、こちらを使いたい。

各移動平均線の計算式とチャート表示例

[米ドル円　日足　2022年7月15日〜11月10日]

SMA
指定した期間の終値を合算して、指定した期間分で割った平均値で期間内の終値が、反映される

WMA
直近価格に近い参照期間に重みを積み重ねていくことで、直近の値動きに反応しやすくしている

EMA
直近価格より離れた過去の価格の影響を減少させていくことで、直近価格の比重を大きくする値動き

WMAとEMAは直近の終値を重要視する

参照期間　▶ 移動平均線でパラメーターを21に設定した場合、過去21本分の価格が参照される。例えば、1時間足でパラメーターを21にすると、過去21時間分が参照期間になる

基本 lecture 059

定番のグランビルの法則は意識されやすい

相場の基本として理解したいグランビルの法則

　グランビルの法則は相場の基本であり、理解しておいて損はない。

　買いのケースで説明すると、価格の上に一本の移動平均線を出す（この例では21SMA）。❶移動平均線が下落した後、横ばいか上昇に転じる場面で価格が移動平均線を下から上に抜けたら買い。❷移動平均線が上昇する場面で、価格が移動平均線を上から下に抜ける、つまり移動平均線の下で買い。❸上昇する移動

平均線の上に価格が位置し移動平均線に向かって下落するものの、移動平均線付近で切り返して再上昇場面での買い。❹移動平均線が下落している場面で、価格が移動平均線から離れて移動平均線に向けて大きく下落、そこから大きく切り返した場面で買い。

　特に❶～❸はトレンドに沿ったエントリーのためトレンドフォローの手法に取り入れやすい。下落局面では❶～❸の反対で売りで入ることになる。

実際のチャートに当てはめたグランビルの法則

［米ドル円　1時間足　2022年11月24日～12月7日］

※下落相場ではこの逆になる

応用 technique 060 移動平均線を使ってダマシを減らす方法

通貨ペアごとにパラメーターを調整する

通貨の動きには独特な癖が存在する。

1970年代当時のメリルリンチ証券が実施した大々的な調査の結果では、2本の移動平均線の期間を操作することで収益の最大化に貢献するとの論文が公開された（出所：先物市場のテクニカル分析）。

為替市場では英ポンド円のような通貨ペアではボラティリティ（通貨ペアの価格が変動する度合い）が極めて高い。つまり、間違ってエントリーしてしまうと値幅としての損失が大きい。

通常、2本の移動平均線であれば21−75を使うのが一般的であるが、ダマシを回避するという点で21の移動平均線を42などに拡大してみるとよい。

すると、75をクロスする回数がぐっと減り、取引機会を厳選することができる。

パラメーター変更でダマシを減らす

［米ドル円　4時間足　2022年7月15日〜8月11日］

21から42の移動平均線に変えることでクロスによるダマシを減らし、取引機会を厳選する

| ダマシ | ▶ 移動平均線のゴールデンクロスなど、テクニカル分析における売買サインが出たにも関わらず、逆の値動きをすること |

バンドの幅で売買タイミングがわかるボリンジャーバンド

川崎ドルえもん

■ レートが移動平均線からどの程度外れているかわかる

「ボリンジャーバンド」とは、「標準偏差」という統計学を使ったトレンド系テクニカル指標のこと。米国の金融アナリストであるジョン・ボリンジャーが開発し、多くのFXトレーダーが愛用する人気の指標だ。

標準偏差とは、データが平均値からどれほどのばらつきがあるかを示す。特定の範囲内に収まる確率を求めることもでき、偏差値などにも使われる。

この標準偏差を応用したのがボリンジャーバンドだ。移動平均線を中心線とし、その周辺に6本のσ（シグマ）線で構成されている。σ線は内側から順番に±1σ線、±2σ線、±3σ線といわれ、中心線からどれくらい外れているのか、また、どの範囲内に収まっているのかを可視化する。

■ トレンドの状態や決済タイミングを判断する

レートは、±1σの範囲内に68.3%、±2σの範囲内に95.4%、±3σ内に99.4%の確率で収まるというデータがある。つまり、レートが±3σの外に大きく外れた場合は、特異的な相場変動であり、レートが中心線まで戻ってくる可能性が高い。

また、ボリンジャーバンドでは、バンド間が狭くなっている状態のことを「スクイーズ」という。スクイーズではレートがほぼ動かないレンジ相場であることを示す。

反対に、バンドが広がっている状態を「エクスパンション」という。エクスパンションでは相場が大きく動いているトレンド相場であることを示している。

トレンド相場（エクスパンション）では、レートが1σと2σの範囲に沿って推移することが多い。σ線に沿ってレートが変動することを「バンドウォーク」という。このバンドウォークが終われば（レートが1σの線より内側になり、なおかつバンドの間が狭くなれば）トレンドの終了を意味する。したがって、決済タイミングの判断ができる。

ボリンジャーバンドの見方

［米ドル円　日足　2021年12月～2022年3月］

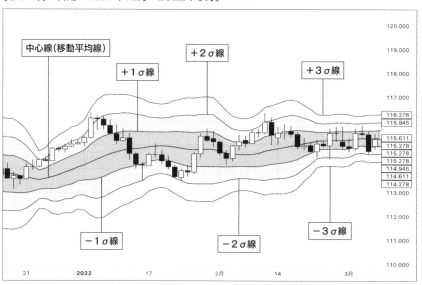

ボリンジャーバンドの動き

［米ドル円　日足　2021年12月～2022年7月］

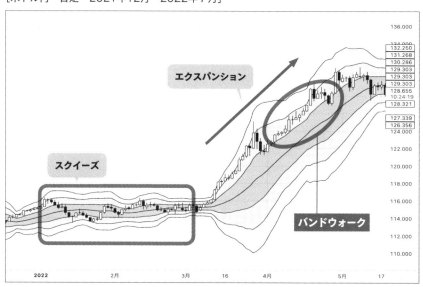

応用 technique 062
ボリンジャーバンドを200に 設定するとσ線が機能する

川崎ドルえもん

平均足とともに表示させると イチ早くトレンドを読める

ボリンジャーバンドの設定値は「20」が標準だ。日足の場合、中心線（移動平均線）の期間は20日間となり、ここ20日間の平均値からどの程度外れているのかがわかる。

しかし、この設定値を「200」とする手法がある。日足の場合、中心線は200日間の平均値を示すことになるが、これが重要なのだ。中心線、つまり、200日移動平均線は、

世界でも多くのトレーダーが見ている指標だ。そのため、σ線が抵抗線や支持線のような役割を果たすようになる。

相場が±1σ線や±2σ線に触れると内側に戻る確率が高く、さらに±3σ線を超えると、100％に近い確率で相場が反転して戻ってくる。

トレンドを明確化できる平均足を同時に表示することで、より売買判断が行いやすくなる。

期間が200のボリンジャーバンド

［ユーロ英ポンド　日足　2022年6月～12月］

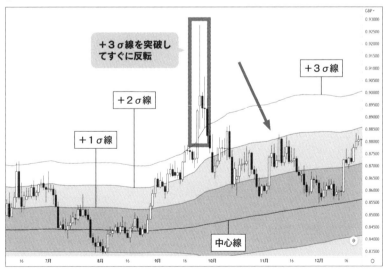

平均足　▶　始値に直前の平均足の始値と終値の平均値、終値に四本値（始値、終値、高値、安値）の平均値を用いるローソク足のこと

基本
lecture
063

トレンド時はMACDでヒドゥン
ダイバージェンスを見る

もちぽよ

価格と指標が逆行する
タイミングを狙う

オシレーター系テクニカル指標のMACDでは、「ヒドゥンダイバージェンス」を重視する。

ヒドゥンダイバージェンスは、オシレーター系指標において発生する指標のことで、オシレーター系指標と価格の動きが逆行する現象を指す。トレンドの継続を示唆し、押し目や戻りでエントリーする際に有効的となる。

指標には強気と弱気の2パターンがあるが、特に強気を意識しよう。

例えばMACDの場合、上昇トレンドの継続中に価格の安値が切り上がり、MACDラインの安値が切り下がると、強気のヒドゥンダイバージェンスと判断できる。売られすぎて売り手が少なくなった状態を示しているため、買いに優位性が生まれ、その後に上がりやすくなると考えられるだろう。

MACDで見るヒドゥンダイバージェンス

[英ポンド円　15分足　2022年12月3日〜6日]

価格の安値が切り上がる

価格とMACDラインの動きが逆行するヒドゥンダイバージェンスが発生。上昇トレンドの継続が示唆される

MACDラインが切り下がる

MACDライン

MACDを2つ表示して
相場の方向性を探る

複数の指標を使って
視覚的にチャートを捉える

　MACDは、MACDラインとシグナルラインの線のみで表される指標。売買のサインが見やすく、使いやすいチャートのひとつとされる。

　通常のサイトではMACDは1枚のチャートにひとつしか表示させることができないが、トレーディングビューやMT4ではいくつものMACDを表示させることが可能。

　例えば、1時間足を使うなら、1時間足のMACDとともに4時間足のMACDも表示させると、相場の流れが視覚的に見えてくる。

　MACDは2本のEMA（指数平滑移動平均線）で構成され、このEMAのパラメーターを変更する。下図は、1時間のローソク足に、12、26設定のMACD、そして数値を4倍にした48、108のMACDを表示したものだ。4倍にすることで、4時間足のMACDを表示しているのと同じ状態になる。

トレーディングビューで2つのMACDを表示した例

[米ドル円　1時間足　2022年9月6日〜13日]

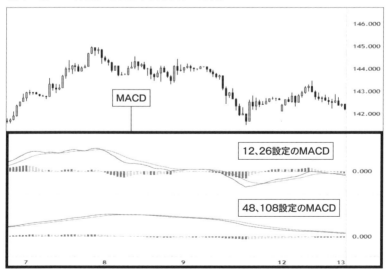

基本 lecture 065
一目均衡表は円のペアで注目されやすい

転換線と基準線は特に意識される

一目山人がつくった一目均衡表は海外でも広く使われている。視覚的にも見やすく、米ドル円や円債（日本国債）を専門にトレードする外国人に人気のテクニカル分析だ。

海外勢が注目するのは以下の点。

①転換線が基準線の上で推移する限り、「買い」の局面では「買い場探し」、逆では売り。

②基準線は、上昇では価格が調整されて基準線まで落ちてきたところが上昇での買い場、下落ではこの逆になる。

③遅行線は、「売り」か「買い」のタイミングを計測する場合に使われる。遅行線が価格を上回った場合を「好転」として買い、逆に下回った場合を「逆転」として売りの判断に使われる。

③はやや難しく、海外勢がよく使うのは①と②だ。一目均衡表、転換線と基準線をマスターしておこう。

覚えておきたい一目均衡表のサイン（買いの場合）

［米ドル円　1時間足　2022年11月17日〜19日］

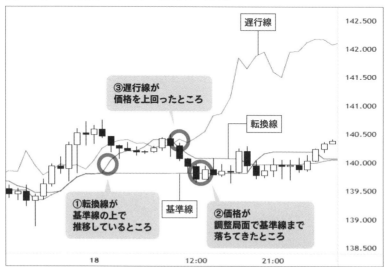

雲はトレンドの方向性と
手を出さない相場を知る目印

トレンドの転換を
確認できる

一目均衡表で先行スパン1と先行スパン2に挟まれた部分は一般的に「雲」といわれる。

雲を抜けることでトレンド転換が起こり価格の値動きが加速することが多い。特に雲が薄くなっているタイミングでは雲抜けが発生しやすくなる。

視覚的にもわかりやすく、トレンド転換が判別しやすい。雲は一目均衡表の一番基本的な使い方だ。

さらに、雲は「手を出さない相場」も教えてくれる。相場が持ち合いに向かうと雲の厚みは徐々に収縮し、転換線、基準線、そして遅行線までが限りなく横ばい推移となってくる。

これはトレンドが消滅し、持ち合いに入りつつあることを示唆している。相場の格言に「休むも相場」というのがあるが、まさに雲が収縮したときがそのときだ。

雲抜けで価格が加速した例

[米ドル円　1時間足　2022年10月28日〜11月1日]

雲を突き抜けた後、
上昇が加速した

※転換線・基準線・遅行線は非表示

休むも相場　　▶ 常に売買せず、次の好機が来るまで待つことでも相場を冷静に捉えらえるという格言

押し目や戻り高値は FRで判断する

61.8%を抜ければ 反転の可能性大

相場はトレンドが出て一方向に動いている時も、波のように押し目や戻りが起こる。それらが一時的な逆行なのか、トレンドの反転なのかが相場判断の重要ポイント。

その押し目や戻りの水準をフィボナッチ数例で考えるのが、フィボナッチ・リトレースメント（FR）。

通常は38.2%、50%、61.8%が目安となり、61.8%以上動けば、反転の可能性が高いと判断できる。

よって、61.8%までは押し目または戻りである可能性が残り、押し目買いや戻り売りの注文が置かれやすい。

ただし、多くの人が意識するからこそ、これらのラインで反応されやすいという点は覚えておきたい。

ちなみに50%戻しは半値戻しであり、一目均衡表の転換線は過去9日間の半値、つまり50%を示している。

フィボナッチ・リトレースメントを使った分析の例

[ユーロ円　週足　2014年〜2022年]

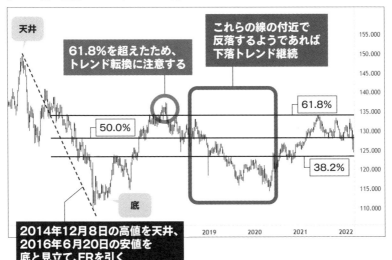

天井

61.8%を超えたため、トレンド転換に注意する

これらの線の付近で反落するようであれば下落トレンド継続

61.8%

50.0%

38.2%

底

2014年12月8日の高値を天井、2016年6月20日の安値を底と見立て、FRを引く

基本
lecture
068

中・上級者へのおすすめは
フィボナッチエクスパンション

トレンド相場において
利確のポイントを探る

　トレードの中～上級者で、特に米国の証券アナリストであるチャールズ・ダウが提唱したダウ理論（テクニック036参照）を知っている人には、「フィボナッチエクスパンション」をおすすめする。

　フィボナッチエクスパンションとは、トレンド開始直後や、押し目・戻りの後に、どのあたりまでチャートが上下するのかを水平線で見定めるテクニカル指標だ。トレンドの最中、または「これからトレンドが発生するだろう」というシナリオを描いたときに指標を表示させ、利確のポイントを探るとよいだろう。

重視する数値は
61.8%、100%、161.8%

　フィボナッチエクスパンションは、自然界のあらゆる法則となっている「フィボナッチ比率」をベースにしており、指標においても重要な数値が存在する。

　フィボナッチエクスパンションで重視したい数値は「61.8％」、「100％」、「161.8％」の3つ。多くのトレーダーが見ている数値であるため、このラインで反転することが多いのだ。右ページ下図で説明しよう。

　チャート上の水平線は、下から順に「61.8％」、「100％」、「161.8％」となっている。

　チャートの前半は上昇トレンドだが、それぞれ61.8％、100％の水平線に触れたら反転していることがわかるだろう。つまり、上昇トレンドでは、この2本の線に触れたタイミングで利確をすればよいのだ。

　反対に、下降トレンドではこれらの線に触れたタイミングで戻りやすく、高値切り下げとなることが多い。

　ただし、数値が大きくなるほど（下降トレンドでは小さいほど）にリスクが高くなる。はじめは1番目の高値切り上げ（高値切り下げ）となる100％のラインを、利確のポイントとして見るとよいだろう。

チャートで見るフィボナッチエクスパンション

[米ドル円　日足　2022年3月〜12月]

フィボナッチエクスパンションの表示方法(上昇トレンドの場合)

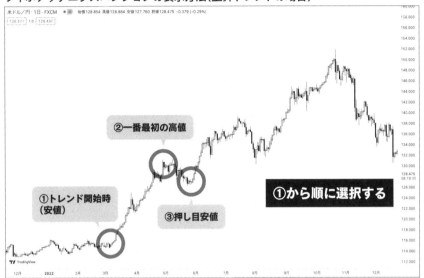

②一番最初の高値

①トレンド開始時
（安値）

③押し目安値

①から順に選択する

フィボナッチエクスパンションの見方

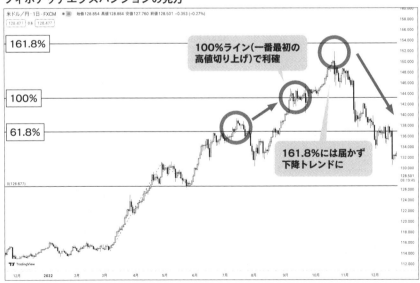

161.8%

100%ライン（一番最初の
高値切り上げ）で利確

100%

61.8%

161.8%には届かず
下降トレンドに

フィボナッチ計算機アプリを
活用する

明確な数値を確認して
買いの判断をする

チャートの高値安値をきちんと把握できると、値動きの戻りや先行きをフィボナッチリトレースメントや、フィボナッチエクスパンションで計算できる。

フィボナッチエクスパンションとは、相場が調整して再び上昇する際、どこまで上がるか（拡張）の目安を測るテクニカル指標のこと。押し目や戻りが入った後の相場の動きを探るひとつの指標となる。

ただ、実際にこうした計算をするのはかなり面倒といえる。

そこでスマホアプリを使うと、簡単に数値を出すことができるのだ。傾向（上昇トレンドか下降トレンド）を選択し、高値と安値を入力すれば自動で計算が行われる。

また、WEBサイトでも同様の計算をしてくれるサービスがある。これらを活用することで、あらかじめ注文を置きやすくなる。

アプリを用いたフィボナッチの計算

フィボナッチを自動的に計算してくれるアプリ「Forex計算機」
※Androidでダウンロード可能。
販売元：Tyrcord Inc

自動的に
リトレース
メントと拡張が
表示される

電卓の欄に高値と
安値を入力する

応用
technique
070

GMMAチャートを使って 取引タイミングを把握する

長期的な流れと 短期的な動きを一目で把握

　GMMAチャートはダリル・ガッピー氏が考案したトレンド系テクニカル分析手法（Guppy Multiple Moving Average）。複合型移動平均線とも呼ばれている。

　チャート上に短期6本、長期6本の合計12本の指数平滑移動平均線（EMA）を表示させることで、トレンドの方向性や強弱を視覚的に示している。

　短期EMAは、比較的に計測期間の短い3、5、8、10、12、15の6本、長期EMAは計測期間の長い30、35、40、45、50、60の6本で構成されている。

　通常、GMMAを描くために使用するEMAは、短期線を青色、長期線を赤色に設定する。

　2色に分けることによって、長期線の大きな流れと、短期線の目先の動きが視覚的にわかるようにしている。

GMMAチャートの例

［米ドル円　1時間足　2022年9月6日～13日］

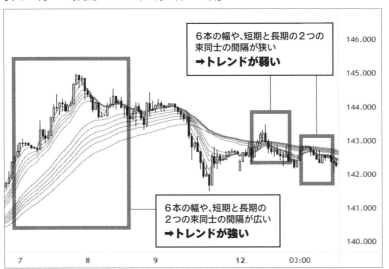

6本の幅や、短期と長期の2つの束同士の間隔が狭い
➡**トレンドが弱い**

6本の幅や、短期と長期の2つの束同士の間隔が広い
➡**トレンドが強い**

RCIはほかの指標と組み合わせて見る

もちぽよ

押し目、戻りの判断に適している

売買判断にはRCIも有効。RCIとは、相場の過熱感を測るテクニカル指標。買われすぎ、または売られすぎを見るものと考えるとよい。

RCIには短・中・長期のラインがあり、±100の間を推移している。主に短・中期のラインが+100%に近づけば高値圏（買われすぎ）、−100%に近づけば安値圏（売られすぎ）と判断する。上昇トレンドでは−100%に達したら買い、下降トレンドでは+100%に達したら売りを狙うとよい。RCIは押し目や戻りを狙う際の強力な判断材料となるが、これはほかの指標と組み合わせてこそである。

実際、RCIを売買判断のメイン指標として見ているが、必ず移動平均線やMACDなどと一緒に見ている。2つ以上の指標を合わせれば、勝率の高いポイントでエントリーできるだろう。

RCIでの売買判断の例

[米ドル円　日足　2022年2月～11月]

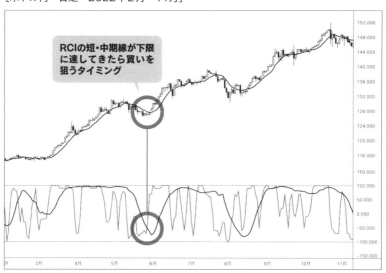

RCIの短・中期線が下限に達してきたら買いを狙うタイミング

RSIの期間を7に設定して順張り指標として使う

江守哲

「0」を上抜けたら買い、下回ったら売り

RSIは、現在の相場が買われすぎ、または売られすぎにあるかを判断する指標だ。過去一定期間の上げ幅（前日比）の合計を、同じ期間の上げ幅の合計と下げ幅の合計を足した数字で割って、100を掛けたもの。数値は0～100で表され、一般的に70～80％以上で買われすぎ、20～30％以下で売られすぎと判断される。

多くの場合、期間は14に設定されている。また、RSIは一般的には逆張りの指標で、ポジションの手仕舞いに利用されている。

しかし、期間を7に設定し、トレンドフォロー（順張り）に利用するとよいと著者はいう。

具体的には、RSIが50％を上抜けたら買い、下回ったら売るのだ。こうすることで、RSIを順張り指標として利用できる。

RSIでの順張りの売買判断の例

［ポンド米ドル　日足　2022年8月～2023年1月］

下限に近づいたら買いを狙うタイミング

50%ライン

RSI

基本 lecture 073 ストキャスティクスで 相場の過熱感を測る

江守哲

70%以上で買われすぎ、30%以下で売られすぎと判断

ストキャスティクスはオシレーター系テクニカル指標のひとつであり、多くのトレーダーが利用している指標だ。ストキャスティクスは、相場のある一定期間の変動幅（高値・安値）と現在の価格（終値）を比較し、相場の過熱感、いわゆる「買われすぎ」「売られすぎ」を示す。

チャートは％K（Fast）と％D（Slow）の2本の線で表され、数値は0～100%の範囲で推移する。％Kラインは相場に対して敏感に動き、％Dラインは％Kラインよりも遅く動く。ただし、重視されているのは％Dラインだ。一般的には70～80%以上で買われすぎ、20～30%以下で売られすぎと判断されるが、相場の勢いが強い場合は、20%や80%を突破し、さらにその水準で張り付くこともある。

ストキャスティクスの見方①

[米ドル円　日足　2022年12月～2023年1月]

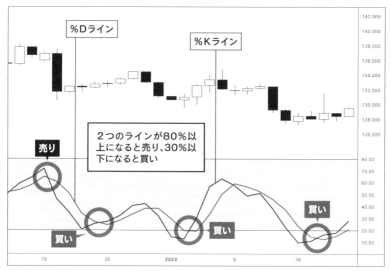

%Dライン

%Kライン

2つのラインが80%以上になると売り、30%以下になると買い

売り

買い

買い

買い

買い

応用 technique 074

ストキャスティクスの期間を短くして動きを早く掴む

江守哲

%Kラインが%Dラインを下回ったら売りシグナル

ストキャスティクスは、保有しているポジションの手仕舞いに利用されることが多い。テクニック073で説明した%による判断以外に、%Kラインが%Dラインを下回ったら売りシグナル、上抜けたら買いシグナルと判断することもできる。この場合、相場が過熱しすぎている状態から反転し始めたと判断し、手仕舞いの判断をするのだ。

いずれにせよ、ストキャスティクスで相場の動きをより早く察知するためには、設定値を変更しよう。

一般的に、%K期間が9、%K平均期間と%D期間が3という設定が標準であることが多い。しかし、%K期間を5、%K平均期間と%D期間を2にするのも有効だ。

標準より少し短い期間に設定することで、相場の過熱感をやや早く察知できるのだ。

ストキャスティクスの見方②

[米ドル円　日足　2022年12月〜2023年1月]

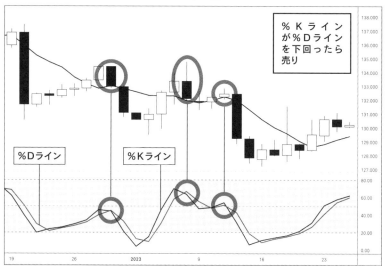

%Kラインが%Dラインを下回ったら売り

%Dライン

%Kライン

ピボットを抵抗線や支持線として活用する

Dakar

ポジションがあっても
なくても活用できる

ピボットとは、7本の水平線から構成されるテクニカル指標のこと。抵抗線や支持線として活用される。

大きな上昇があった場合に買いポジションを持っていたら、ピボットの抵抗線が売りシグナルとなる。また、ポジションがない場合、ピボットを上抜ける大きな上昇を視認できれば、上昇トレンドが続くと想定して買いシグナルと判断できる。

ピボットがよく反応する通貨ペアについては、片方が投機筋が暗躍しやすい通貨のペアがいい。なぜかというと、そのような通貨ペアは、よりチャートを見て取引がなされる傾向があるからだ。これは言い方を変えると、このテクニカルはチャートリーディングをしている人が活用することが多いということ。また、ピボットには数値設定がないため、初心者にもおすすめである。

ピボットの見方

[米ドル円　日足　2022年9月～2023年1月]

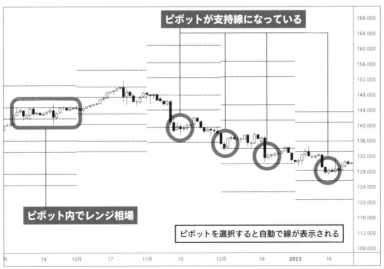

ピボットが支持線になっている

ピボット内でレンジ相場

ピボットを選択すると自動で線が表示される

パラメーター操作で 有利な展開に持ち込める%R

長めのパラメーターで 売買タイミングを選別

「トレーダーは育てられる」の名言で知られるラリー・ウィリアムズが開発したオシレーターが%R（パーセンテージ・アール）。

この指標は価格の推移のなかで、自分の立ち位置を確認し、戻り売り・押し目買いを狙うテクニカル指標である。

デフォルト（初期設定）の数値はチャートシステムにより異なるが、MT4では14が採用されている。

通常20を下回ると売りシグナル、同様に80を上回ると買いシグナルとなる。

ただこれをそのまま使うと価格が少し動いただけで、シグナルに到達し、シグナルが頻発しかねないので注意。

この14という数字（パラメーター）を大きくいじることでシグナルの頻度がぐっと減り、売買タイミングを選別できる。

ダマシを減らすパラメーター変更

［米ドル円　日足　2022年5月〜12月］

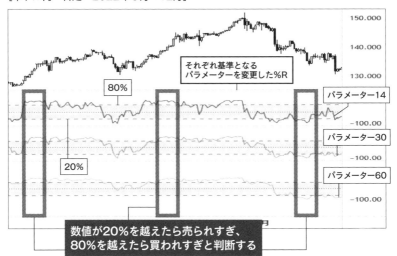

パラメータを30や60などに変更することによりシグナルの頻度が少なくなる

応用
technique
077

相場の動きを確認しやすい
デマークチャート

■ トレンドの動きと
■ 反転タイミングを示す指標

トム・デマークは米国のチャート研究家で、TDシーケンシャルをはじめ、TDを冠した多数のテクニカル・インジケーターを開発した。

厳格な著作権管理で知られ、一般のトレーダーが使用するには、高額な利用料が必要になる。

ただ、TDシーケンシャルやTDコンボは、相場のトレンド継続の動き

と、反転タイミングを示すツールでチャートに数字を示すことでチャート表示のサイズなどの視覚的な間違いが起こりにくいものとして知られている。

日本ではブルームバークやCQGで契約可能だ。

TD使いのトレーダーとしては、元・シティバンクのプロトレーダーとして実績を重ねてきた西原宏一氏が有名。

応用
technique
078

一度に利用するテクニカル指標は
多くても3つまで

江守哲

■ 指標が多すぎると
■ 判断に迷う

トレードを行っていると、テクニカル分析にも精通することになる。そして、より精度の高いトレードを追究しようとすると、どのテクニカル指標がベストかを研究することになる。さらに、それぞれの優位性を見出そうとするため、チャート上に多くの指標を表示するも、理解しづらくなることが少なくない。こ

れは、トレードに慣れてきた初心者や、中級者への入り口にある投資家に多く見られる傾向だ。

しかし、多すぎる指標は売買判断に迷う。したがって、一度に表示させる指標は3つまでに決めていると著者はいう。

例えば、移動平均線、ボリンジャーバンド、ストキャスティクスといったシンプルな指標でも、市場分析は十分に行える。

応用
technique
079

個人投資家でも使いやすい ディナポリチャート

ずらした移動平均線は 先の動きの目安としやすい

単純移動平均線（SMA）を先行させて表示位置をずらすDMA（Displaced Moving Averege）と、タイミングを早めたMACD（Moving Average Convergence Divergence）とストキャスティクスを組み合わせて使うディナポリチャート。米国の投資家ジョー・ディナポリが開発した手法だ。

DMAは、先の動きの目安としやすく、仕掛けの判断がしやすいチャートとなっている。

ディナポリで使う３本のDMAは、3SMAを３期間先行させた３×3DMA、7SMAを５期間先行させた７×5DMA、25SMAを５期間先行させた25×5DMAである。

また８、17、26設定のMACD、８、３、３設定のストキャスティクスを組み合わせることでダマシなどへの補完ができる。

ディナポリチャートの例

[米ドル円 週足 2022年4月〜12月]

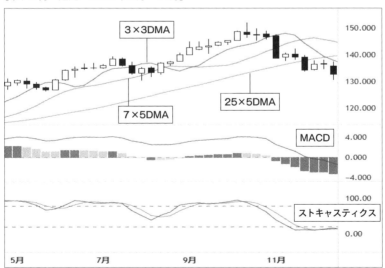

複数の通貨ペアを同時に見られるTickチャート

Dakar

約定する度にチャートが形成される

「Tickチャート」は、価格変動（約定）がある度にチャート上に点をつけて、株価の推移を示すチャートのこと。約定してはじめてチャートが推移するため、ある意味で最も敏感に市場の動きを表すチャートともいえる。短期の時間足で値幅を抜くトレーダーによく活用される。

市場の動きを素早く察知できるだけでなく、複数の通貨ペアの動きを知りたいときにも便利だ。変動回数の違いがよく視認できるからだ。Tickチャートは、ローソク足のように時間が基準になっていない。ぜひ手を動かし、複数の通貨ペアのTickチャートを交互に表示してみてほしい。

なお、MT4やMT5を使用する場合、Tickチャートの下部に表示される「ティックボリューム」は、出来高ではないので注意してほしい。

MT4でTickチャートを見る方法

①気配値表示から通貨ペアを選択

②下のタブからティックチャートを選択

③ティックチャートが表示される

シラーPERが示す
金融危機に注意する

シラーPERと為替相場の関係に着目しよう

　シラーPERとはノーベル経済学賞を受賞したエール大学のロバート・シラー教授が開発した株価の割高・割安を計測する指標。

　過去10年間の1株あたりの純利益の平均値をインフレ率で調整した「実質純利益でPERを算出」する。

　この前提で米株をみた場合、統計開始からの平均値を1標準偏差分以上（68％）を超えたことは過去100年近いなかで4回ある。そして2020年時点では、シラーPERは1標準偏差分を超えている。過去の4回はすべて恐慌やリーマンショックなどの大きな金融危機を招いたが、今回もコロナの影響もあり、金融危機に陥った。現在の米株市場は歴史的な高値圏にあることは間違いなく、今後大幅な調整が入る可能性も指摘される。株式市場に調整が入った場合、リスクオフの円買いを想定することになる。

1881年～2022年までのシラーPERの推移

出所：ロバート・シラー教授のデータ、multpl.comを元に編集部作成（1881年1月～2023年1月）

日足と短い足を同じチャートに表示させる方法

日足の終値は特に注目すべきポイント

日足を見れば、値動きの大きな方向性を理解できるが、細かなトレードのタイミングは掴みづらい。一方、1時間足などの時間軸を見れば、細かな押し目や戻りを把握できるもののトレンドを見失いやすい。そこで有効なのが、日足と短い足を同じチャートに表示させるというテクニックだ。

メタクオーツ社が開発したFX取引ツール、MetaTrader4（テクニック084参照）で使える「MTF-CandleStick※」のようなインジケーター（相場のテクニカル分析で使う指針、指標）を使えば、同じチャート画面に時間軸の異なるローソク足を表示させることができるのだ。

下図は、米ドル円の1時間足に日足を重ねたもの。日足が確定する時間は特に方向性を知るために注意しておく必要がある。

メタトレーダーの例

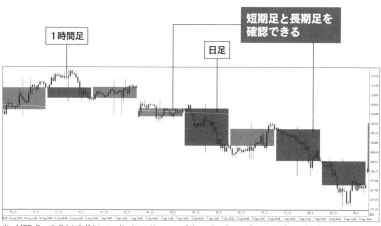

1時間足

日足

短期足と長期足を確認できる

※　MTF-CandleStickのダウンロード　http://www.profitf.com/trading-software/mtf-candlestick-indicator/

応用
technique
083

複数のサインの重なりで
エントリーを決める

損益の半分を
左右するエントリー

エントリータイミングが悪いとあとから修正することはできない。

そのため値動きをしっかり確認して、エントリータイミングを見極めて売買する必要がある。

エントリータイミングの決定要素は無数にあるが、「価格が上がりそう、下がりそうだ」というヤマ勘や値ごろ感に頼らず、テクニカルを活用して、毎回一定の判断基準を持て

るようになると勝率は飛躍的にアップする。

特に有効なのが、複数のサインが重なるポイントだ。

米ドル円などであれば、下図のように切りのよい100円という価格は意識されやすく、抜けない場合は反発のポイントとなりやすい。

加えて移動平均線も下から支えるような形になっていれば、より反発する可能性は高まる。

判断基準のイメージ

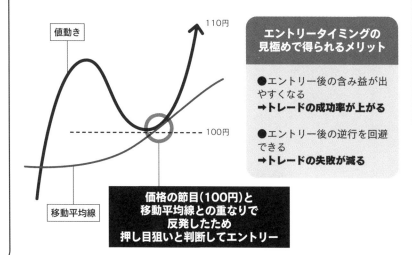

値動き

110円

移動平均線

100円

**エントリータイミングの
見極めで得られるメリット**

●エントリー後の含み益が出やすくなる
➡トレードの成功率が上がる

●エントリー後の逆行を回避できる
➡トレードの失敗が減る

**価格の節目（100円）と
移動平均線との重なりで
反発したため
押し目狙いと判断してエントリー**

もっとも使い勝手がよい
チャートツールはMT4

自動売買にも対応する
事実上の標準チャート

　世界中の個人投資家に使われている、事実上の標準チャートがMetaTrader4（MT4）。テクニカル指標は多様な組み合わせができるうえ、自動売買にも対応している。プログラミング言語「MQL」を習得すれば、テクニカル指標を自作してMT4上で動かせる。世界中でさまざまなカスタムインジケーターが開発されており、自由度が高いのが魅力。

　日本でも複数のFX会社が提供しており、OANDAのように、期間無制限でデモアカウントを開放している業者もある。使ったことのない人はぜひ導入してみよう。

　また、最近ではMT4の開発元のメタクウオーツ社が次のバージョンであるMT5への移行を促進しており、FX会社でもMT5の扱いは増えてきている。しかし、MT5はMT4で作成したカスタムインジケーターの互換性がない場合もあるので注意したい。

MT4はPC以外にも用意されている

OANDAで提供されているMT4のバージョン。ただし、デバイスによって使用できるインジケーターが制限されることがあるのと、提供業者によって多少カスタマイズがされている。

インジケーター　　▶ 移動平均線やMACD、パラボリックなどのテクニカル分析ツールのこと

MT4でトレードの
シミュレーションを行える

もちぽよ

ストラテジーテスターで
トレードの検証と練習ができる

トレードを行ううえで、チャートの確認は必須。現在ではさまざまな会社で提供するソフトやサイトで閲覧が可能だが、なかでもMT4（テクニック084参照）がおすすめだ。

MT4は、チャートのカスタマイズ性が高く、あらゆるトレード方法を実践できる。CFDにも使えるが、主にFXのトレードで多く使われる。

MT4にはデフォルトで搭載され

ているさまざまな機能が無料で利用できるが、なかでも「ストラテジーテスター」はおすすめだ。

これは、過去の一定期間内のチャートデータを使い、インジケーターを使ったトレードのシミュレーションができる機能だ。トレードの検証や練習をしたい人は積極的に活用したい。

MT4でのストラテジーテスター設定画面

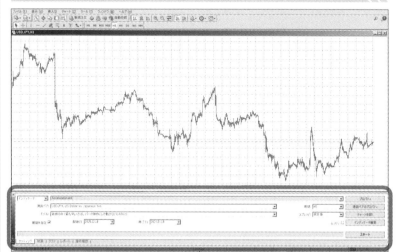

時間足や期間を設定して過去のチャートを実際に動かすことができる

MT4はオリジナルインジケーターがつくれる

もちぽよ

トレードを半自動化して楽に利益を出すこともできる

MT4では「オリジナルインジケーター」を利用できる。MQLというプログラム言語でインジケーターを作成し、トレードに活用できるのだ。

さらに、世界中のトレーダーがオリジナルインジケーターを作成し、インターネットで公開・提供している。なかには、無料でダウンロードして使用できるものもあるので、そ

れを利用するのもひとつの手だ。

私も自身のオリジナルインジケーターを使って、トレードに役立てている。ルールに従ってエントリーポイントでサインを出したり、自動利確できるようにするなど、トレードにかかる手間が減った。

トレードの検証や実践で裏づけをとったロジックがあれば、それをインジケーターに取り込み、トレードを半自動化できるのも、MT4の醍醐味だ。

オリジナルインジケーターのインストール方法

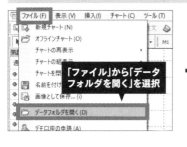

「ファイル」から「データフォルダを開く」を選択

「MQL4」を選択

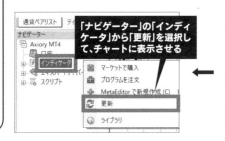

「ナビゲーター」の「インディケータ」から「更新」を選択して、チャートに表示させる

「Indicators」のなかにダウンロードしたインジケーターを保存したら、MT4を再起動する

MQL ▶ MT4で使われるプログラム言語。習得、もしくは業者に作成を依頼することでインジケーターを作成できる。MT5はMQL5になる

応用
technique
087

スマホアプリを活用して
トレードを身近なものに

もちぽよ

便利な機能でトレンドを 楽に把握しよう

　トレード用のスマートフォンアプリなら、GMOクリック証券の提供する「FX neo」がおすすめだ。

　時間足が異なる4つのチャートを一画面に表示できるうえ、指値や逆指値、価格アラートなどを水平線で表示させることが可能で、相場の動きを把握することが楽になる。

　また、個人が提供している「FX検証（iOS専用アプリ）」も便利だ。

　過去の相場データ（2015年1月以降）をもとにトレードの練習ができるアプリ。ただ過去のローソク足が表示されるだけでなく、複数の時間足を分析するマルチタイムフレーム機能などを使うことができる。

　トレードの実践力を向上させるには、こうしたアプリを使用して日々チャートに慣れていくことが大切である。

スマホで見るFX neo取引の画面

チャートはひとつのみの表示も可能

横画面にも対応している

※FX neoのダウンロード　https://www.click-sec.co.jp/corp/tool/#fxneo

117

オーダーブックで
損切りの価格帯を知る

Dakar

ポジション状況を把握して
トレードプランを立てる

OANDA証券が提供している「OANDAオーダーブック」は、トレードプランを立てるうえでおすすめだ。グラフ化されたOANDAの顧客のオープンオーダーとオープンポジションが公開されており、このデータを価格変動の予想に役立てられる。

オープンポジションでは、トレーダーの保有するポジション状況がわかる。画面の左半分は売りポジション、右半分は買いポジションを表す。さらに、画面の左上と右下はショートとロングの含み益、画面の右上と左下は含み損の数を示している。また、長いバーは多額のポジション、短いバーは小額のポジションがあることを示す。例えば、多くのトレーダーが損切りポイントとして考えている価格帯がわかれば、そこでポジション変更するなどの計画が立てられるだろう。

OANDAオーダーブックの画面

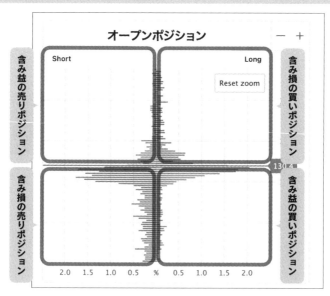

ファンダ
メンタルズ

経済指標が発表されるタイミング、注目すべき数値、
有力な情報の入手方法など、
ファンダメンタルズに関するテクニックを網羅。
22年までのデータから見る今後の動きを把握!

主な経済イベントの
スケジュールを把握する

江守哲

金融政策の方向性次第で
市場が転換する

トレードを行ううえで、主要な経済イベントのスケジュールを理解しておくことはきわめて重要である。経済イベントの結果次第では、金融市場が大きく変化する可能性があるからだ。

経済イベントにはさまざまな種類がある。金融政策決定会合、金融当局者の講演、重要経済指標の発表などはその代表例だ。金融当局の政策決定会合で、金融政策の方向性を大きく転換すれば、金融市場は大きく変動するだろう。そのようなイベントがあることを知らずにトレードしていると、思わぬ損失を被る可能性もある。

また、市場が注目している経済指標の発表が控える中、それを知らずにポジションを保有していたところ、指標の結果がポジションに対して逆の方向に市場を動かすことも十分にあり得る。このような例は枚挙にいとまがない。賢明な投資家であれば、これらのイベントの前にポジションを縮小あるいは解消し、イベントの通貨を待つだろう。そして、イベントの結果を受けた市場の動きを確認したうえで、新たなポジションの構築をする。

金融当局の要人の
発言に備える

重要な金融当局の要人が発言する講演や会合では、何が飛び出すかわからない。新たな材料が出た時には、市場は驚いて大きく変動することも少なくない。

毎回ポジションの調整をすることは大変だが、これらのイベントのスケジュールを把握し、変動に備えておくことは、トレードする者にとって不可欠である。

このように、投資家が重要な経済イベントのスケジュールを把握しておくことは、投資するうえで半ば常識である。市場に振り回される前に、そのきっかけとなるイベントのスケジュールを把握しておけば、サプライズな結果となっても、慌てる必要はないはずだ。

指標発表日カレンダー

公表される指標	指標発表日	参照ページ
ISM製造業景況指数（米国）	第1営業日	147ページ
大企業製造業（日本）	初旬	123ページ
日銀短観（3、6、9月）	初旬	123ページ
ADP雇用統計（米国）	雇用統計発表の2日前	140ページ
雇用統計（米国）	第1金曜日	133ページ
CPI（米国）	13日ごろ	138ページ
HICP（ユーロ圏）	15日ごろ	139ページ
消費者信頼感指数※1（米国）	第2金曜日	－
フィラデルフィア連銀製造業景況指数（米国）	第3木曜日	－
CPI（日本）	第3金曜日	－
GDP（日本）（2、5、8、11月）	中旬	150ページ
卸売在庫、卸売売上高（米国）	中旬	－
日銀短観（12月）	中旬	123ページ
鉱工業指数（米国）	中旬	－
貿易収支（米国）	20日ごろ	－
貿易統計（日本）	下旬	－
一般職業紹介状況（日本）	下旬	－
鉱工業指数（日本）	下旬	－
生産年齢人口（日本）（3月）	下旬	－
IFO景況感指数（ドイツ）	下旬	138ページ
中古住宅販売件数、新築住宅販売件数（米国）	25日ごろ	136ページ
耐久財指数（米国）	25日ごろ	－
S＆Pケース・シラー住宅価格（米国）	最終火曜日	146ページ
労働力調査（日本）	月末	－
個人消費支出（米国）	月末	－
個人所得（米国）	月末	－
GDP（米国）（1、4、7、10月）	月末	149ページ
日銀金融政策決定会合での「主な意見」	1〜2カ月に1回	128ページ
FOMCでのFRB議長発言	約6週間に1回	128ページ
ECB理事会の記者会見	約6週間に1回	139ページ
金融政策委員会の議事録	約6週間に1回	－
FRB議長の議会証言	半年に1回	127ページ
G7サミット・G20サミットの概要	1年に1回	－
ジャクソンホール会議	1年に1回（8月）	127ページ
外国為替取引額	3年に1回	150ページ

※1　第3金曜日もしくは最終火曜日の場合もある

基本 lecture 090 円相場全般に影響する 日銀金融政策決定会合

時事

緩和の縮小は 円高米ドル安を誘発

日銀の金融政策の影響を直接受けるのは日本円。

日銀は2017年9月にYCC（イールドカーブ・コントロール）を導入し、緩和の軸を「量」から「金利」に移した。

公言はしないが2％の物価目標達成に向け、通貨安（円安）を事実上標榜している。

今後日銀からの政策変更では再び円相場は大きく対米ドルで動くと思われるが、実際に2022年12月には長期金利の変動幅を0.25％から0.5％に許容するなど動きを見せ始めた。

緩和の縮小が意識され始めての政策の後退は、円高米ドル安を誘発すると言われている。

日銀金融政策決定会合は円相場全般に影響するので、行方には注意しておこう。

スケジュールはここで確認

日本銀行の金融政策ページ（https://www.boj.or.jp/mopo/mpmsche_minu/index.htm）。ここで年間の開催日や結果が確認できる。

物価目標　　　▶　物価上昇率（インフレ率）に対して、多くの国・地域の中央銀行や政府が掲げている目標

基本 lecture 091

短観は「大企業製造業」を特に注目する

グローバルに注目される
日銀短観改善は同高要因

正式名称は「企業短期経済観測調査」で、通称「短観」。

TANKANと英語表記もされ、海外でもヘッジファンドを中心に注目されている指標。

短観は日本銀行が約1万社の企業を対象に行う統計調査で、3月、6月、9月、12月と四半期ごとに実施され、日本銀行のホームページで公表されている。

特に注目されるのが「大企業製造業」の業況判断で、こちらの改善は円高要因と為替の変動要因にもなるのだ。

同時に事業計画の前提となる想定為替レートも発表されることもある。輸出企業などは予算を策定する際の採算レートとして想定為替レートが基準値とされる場合もあり、こちらもあわせて注目しておきたい。

日銀の短観

大企業の製造業の業況判断に注目

	大 企 業					
	2022年9月調査		2022年12月調査			
	最近	先行き	最近		先行き	
				変化幅		変化幅
製造業	8	9	7	−1	6	−1
繊維	−9	6	−3	6	6	9
木材・木製品	−7	−20	−7	0	−13	−6
紙・パルプ	−14	−17	−22	−8	−15	7
化学	16	14	8	−8	0	−8
石油・石炭製品	7	−14	−33	−40	−20	13
窯業・土石製品	9	0	10	1	−5	−15
鉄鋼	18	13	18	0	13	−5
非鉄金属	3	3	6	3	9	3
食料品	−14	−6	−8	6	−6	2
金属製品	0	−3	8	8	0	−8
はん用機械	31	28	31	0	23	−8
生産用機械	33	31	30	−3	28	−2

日本銀行ホームページの短観（概要）（https://www.boj.or.jp/statistics/tk/index.htm）

金融政策決定会合 ▶ 日本銀行が金融政策の方向性や政策金利の上げ下げなどの金融政策運営を討議・決定する会合。原則毎月1〜2回開かれる

応用 technique 092　想定為替レートは方向性を知る手助けになる

企業が設定する中長期や想定為替レートを参考にする

日本の輸出企業にとって為替レートがいくらかは企業決算に大きく影響する。そのため輸出企業の財務部門も為替のプロであり、その年の為替がどの程度かを見通して決算などに反映させている。

下の表はトヨタの各年の通年の期初想定為替レート。個人投資家より現実の業務として為替市場を見ている企業財務部門の想定レートの中長期、または年間の為替レベルは参考にしたい。

特に、トヨタ自動車にとっては、米ドル円が１円動いた場合、自社の利益の350〜400億円の変動要因となる。

新聞などで報道される同社の想定為替レートは前述の精鋭部隊の相場観が色濃く反映される。企業が設定する中長期など、市場の方向を計る上で非常に参考になるのだ。

想定為替レートを参考にする

主な想定為替レートの設定期間

●通年

●上期、下期

●第一四半期、第二四半期、第三四半期、第四四半期

トヨタの想定為替レート推移（期初想定）

年度	対米ドル	対ユーロ
2013	90	120
2014	101	136
2015	115	125
2016	100	120
2017	105	117
2018	105	130
2019	106	121
2020	105	115
2021	110	125
2022	115	130

取引する通貨の中銀総裁や政策金利を把握する

長期金利の動向を把握して金利を予測する

取引対象の通貨の金融政策がわからずに取引してもうまくいくはずもない。

その通貨が今後どうなるかを中央銀行の動きから判断して取引のシナリオを作るからだ。

そのためには、現在の中銀総裁が誰か、政策金利は何%か、金融引き締め局面か、緩和局面なのかをしっかり把握しておく必要がある。

また長期金利（1年以上の長期間において貸し借りをする金利のこと）である10年国債金利も押さえておきたい。長期金利は、物価の変動、短期金利の推移（政策金利）などの長期的な予想で変動するが、10年物国債の金利は代表的な指標とされている。

さらに2022年12月には、日銀・黒田総裁により総裁記者会見があったが、総裁の発言機会も見逃さないようにしたい。

各国で押さえておきたい情報

	アメリカ	イギリス	ユーロ	日本
中銀総裁	ジェローム・パウエル	アンドリュー・ベイリー	クリスティーヌ・ラガルド	黒田東彦
政策金利	4.5%	3.5%	2.5%	-0.10%
長期金利	3.546%	3.387%	2.204%	0.382%
サイクル	引き締め	緩和	緩和	緩和

	豪州	NZ	カナダ	スイス
中銀総裁	フィリップ・ロウ	エイドリアン・オア	ティフ・マックレム	トーマス・ジョルダン
政策金利	3.10%	4.25%	4.25%	1.00%
長期金利	3.480%	4.141%	2.873%	1.161%
サイクル	緩和	緩和	緩和	緩和

数値は2023年1月24日現在

重要イベントの前には
織り込み度合いに注目

発表前に結果を
織り込んでいるケースに注意

FOMC、米雇用統計の発表や、日銀金融政策決定会合などの重要イベント前は、さまざまな織り込みが事前に始まっている。

しかし、実際にイベント結果がその通りになっても相場は予想通り動かなかったり、反対の動きになることもあったりする。これが「織り込み済みだった」というもの。

為替市場は熟練したプロトレーダーの市場なので、イベント前に憶測が出たときには、すでにその方向へ動き始めていることが多い。そうなると、結果発表で憶測が現実になったとしても、すでに価格は動いてしまっている（結果を織り込んでいる）ので、結果発表後では動かないというケースが多々ある。

重要イベント時には、発表前の動きを見ておくことで、結果を織り込んでいるかどうかを判断しよう。

FOMCで結果を織り込んだケース

［米ドル円　5分足　2020年12月16日〜17日］

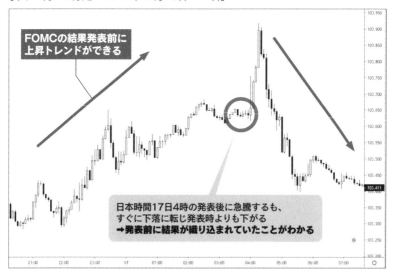

FOMCの結果発表前に上昇トレンドができる

日本時間17日4時の発表後に急騰するも、すぐに下落に転じ発表時よりも下がる
→発表前に結果が織り込まれていたことがわかる

FOMC　▶　連邦公開市場委員会（Federal Open Market Committee）の略称。米国の金融政策を決定する委員会。年に8回、1〜2日間開催される

FRB議長の発言をしっかりチェックする

基本
lecture
095

金融フォーラムやジャクソンホール会議に注目

2022年8月26日、FRB（米国連邦準備制度理事会）のジェローム・パウエル議長がジャクソンホール会議で講演をした。ジャクソンホール会議とは、毎年夏に米国ワイオミング州ジャクソンホールで開かれる経済政策シンポジウムのこと。会議には、各国の中央銀行総裁やエコノミストが参加する。

インフレ抑制が家計や企業にいくらかの痛みをもたらすとしながらも、パウエル議長は「物価の安定を取り戻せなければ、さらに大きな痛みを伴う」「物価安定を取り戻すためには、当面の間、制約的な政策スタンスを維持する必要がある」と述べた。パウエル議長が急速な金融引き締めの継続を示唆したことで、相場は下降トレンドに転換した。

FRB議長の発言は影響が大きいため、今後もパウエル議長の発言には注目していきたい。

FRB議長の発言により価格が動いた例

[ユーロ米ドル 1時間足 2021年8月27日～30日]

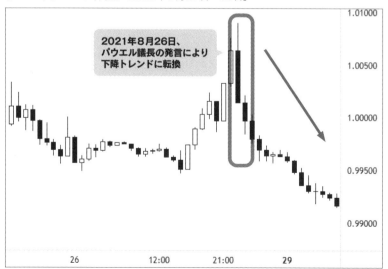

2021年8月26日、パウエル議長の発言により下降トレンドに転換

基本 lecture 096

FOMCの政策発表は
必ず確認しておく

引き締めは
米ドル買いに直結

FOMC（連邦公開市場委員会）はFRBの金融政策決定機関である。日本の日銀金融政策決定会合と同様に金融政策の方向性を決定する。

年8回、1～2日間定期的に開催されるFOMCの政策発表は為替だけでなく、株、債券、商品などあらゆる金融市場に参加する人が注目している。

ここでの引き締め（利上げ）は米ドルの買い要因になり、利下げはその逆になる。

特に発表当日は、労働省労働統計局が毎月発表する米国雇用統計と同様に大きく為替が動くことが多いため、発表前に「保有ポジションを減らす」「ストップロス（損切り）を置く」などで慎重に対応したほうがよいだろう。

日程などは新聞その他のメディアに広く公開されているので、注意しておこう。

FOMCの政策発表が確認できるサイト

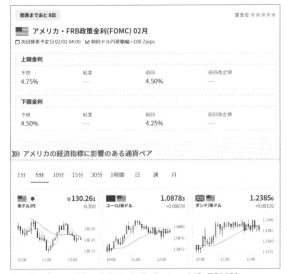

みんかぶ(https://fx.minkabu.jp/indicators/US-FOMC)

FRB ▶ アメリカの中央銀行制度であるFRSの最高意思決定機関。日本語で「米連邦準備理事会」とも呼ばれる

米国10年債金利が下がれば 米ドル売り

強い相関がある米ドル円と米10年債金利

金利の変動は為替市場に大きな影響を及ぼす。特に米国の10年債の金利（長期金利）と米ドル円の間には比較的強い相関が確認される。米金利低下では米ドルは売られやすく、一方で米金利上昇では米ドルは買われやすい。

2015年12月から始まった、米国の中央銀行であるFRBの利上げ局面は実質的に終了しており、足元では2019年8月からの予防的利下げが継続する。

こうした段階に入ると債券市場は将来の景気後退を織り込むため、長期の金利ほど低下しやすくなり、結果として米ドル安を誘発しやすいのだ。

実際の金利水準などはブルームバーグなど、さまざまなメディアや情報ソースなどが公開しているため、メルマガなどの専門情報でも流れを把握することが可能だ。

米ドル円と米10年債金利の推移

[2022年9月〜11月]

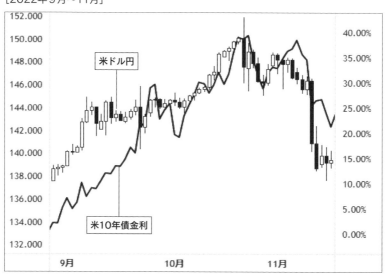

金融緩和初期は売り
引き締め初期は買い

引き締め末期の経済指標の予想割れに注意

中央銀行の金融政策（政策金利）の織り込みは、為替市場においては先行する動きとなる。

中央銀行の引き締め期から緩和期への転換期（またはその反対）が一番為替の変動を引き起こしやすい。

2019年より、主要国は引き締めから緩和（利下げに転換）を開始。この流れに多くの新興国が続く。

2020年以降はコロナの影響で主要国の金融緩和が加速した。米国、英国などでは実質的にゼロ金利政策が取られており、もともと低い水準だったEU、日本などでは金利が据え置きにされている。加えて、先進国では自国国債を買い取る量的緩和政策が実施され、各国中央銀行のバランスシートは大幅に拡大。

2022年12月のFOMCでは、金利の誘導目標が引き上げられたため、NYダウなど主要株価指数の下げが加速した。

直近1年間の各国政策金利の推移

年／月	USD	EUR	GBP	AUD	CHF	CAD	JPY	TRY
2022年12月	4.5	2.5	3.5	3.1	1	4.25	-0.1	9
2022年11月	4	2	3	2.85	0.5	3.75	-0.1	9
2022年10月	3.25	2	2.25	2.6	0.5	3.75	-0.1	10.5
2022年9月	3.25	1.25	2.25	2.35	0.5	3.25	-0.1	12
2022年8月	2.5	0.5	1.75	1.85	-0.25	2.5	-0.1	13
2022年7月	2.5	0.5	1.25	1.35	-0.25	2.5	-0.1	14
2022年6月	1.75	0	1.25	0.85	-0.25	1.5	-0.1	14
2022年5月	1	0	1	0.35	-0.75	1	-0.1	14
2022年4月	0.5	0	0.75	0.1	-0.75	1	-0.1	14
2022年3月	0.5	0	0.75	0.1	-0.75	0.5	-0.1	14
2022年2月	0.25	0	0.5	0.1	-0.75	0.25	-0.1	14
2022年1月	0.25	0	0.25	0.1	-0.75	0.25	-0.1	14

出所:外為どっとコムより編集部作成（2023年1月時点）

基本 lecture 099 ファンダメンタルズ分析とチャートはセットで考える

政策の動向が不明な場合はチャートの節目を参考にする

合意なき離脱のリスクを脱したとはいえ、ブレグジットが英国の経済に与える影響力はまだ未知数である。ユーロ・ポンドの通貨を取引する場合は、今後も動向をしっかりとチェックしておこう。

その際、ニュースやアナリストの分析など、ファンダメンタルズの情報を確認し、シナリオを組むことはもちろんだが、チャートから読み取れる情報も含めて考える必要がある。例えば、ポンド米ドルのチャートは、週足などの長めの時間軸で見ると下降トレンドにある。

ここ数年で大きく下げたのは、ブレグジットの国民投票のあった2016年10月と、新型コロナウイルスによるショックがあった2020年3月、さらに2022年9月に前の2回をさらに下回る安値を付けた。今後、これらを下回るには、さらにネガティブな材料が必要になる。

過去の安値を確認

[ポンド米ドル　週足　2016年〜2023年]

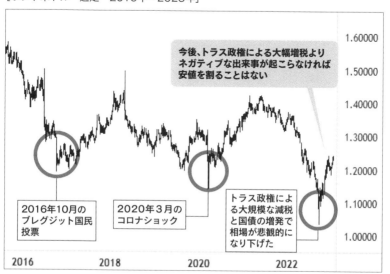

今後、トラス政権による大幅増税よりネガティブな出来事が起こらなければ安値を割ることはない

2016年10月のブレグジット国民投票

2020年3月のコロナショック

トラス政権による大規模な減税と国債の増発で相場が悲観的になり下げた

応用
technique
100

利上げは必ずしも
通貨高に結びつかない

■ 為替市場では将来の利上げを 先に織り込む場合がある

FX取引の醍醐味は、売買差益はさることながら、スワップポイント（二ヵ国の間で発生する金利差による利益）の獲得にもある。後者を追求する場合、なるべく低い金利の通貨を売り建てて、より高い金利の通貨を買い建てることでスワップポイントを最大化することができる。

そのため、将来、金融引き締め、つまり利上げが見込まれる通貨を買

い建てれば、売買差益も最大化できそうだが、実はそれほど単純ではない。為替市場において、将来の利上げが先に織り込まれた状態で利上げが始まると、通貨は大して上昇しないこともある。

2000年代の米国の利上げでは政策金利を4.25％引き上げた米ドル円は5円も上昇していない。逆に2010年代は2.25％引き上げ、10円の下落となった。コロナ後の引き締め局面も注意が必要だ。

スワップポイントを獲得する

スワップポイントの仕組み

日本円を売り、米ドルを買う場合

①売った日本円の利子を支払う

②買った米ドル円の利子を受け取る

③差額がプラスであればスワップポイントを得られる！

米ドル円と政策金利の推移

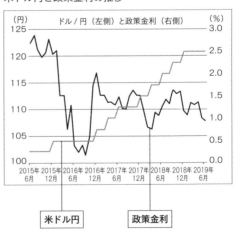

米国雇用統計は代表的な指標のひとつ

江守哲

毎月一回発表される指標を把握する

米国経済の動向を見極める際に最も重要な指標のひとつが、米国の労働市場の動向を確認できる雇用統計である。

統計は月に一回発表され、政府や金融当局、企業経営者、さらに市場参加者などが将来の市場動向を見極めるうえで注視する。

雇用統計では、非農業部門雇用者の推移や失業率、労働参加率、賃金の動向などを確認できる。これらの指標をもとに、米国の労働市場の現状を理解し、投資家はそのデータを投資判断に利用するのである。労働市場が堅調であることが示されれば、金融当局が引き締め気味の政策を執る可能性が想定される。その場合にはドルが買われやすく、株価が売られる可能性がある。

指標のどの部分に焦点が集まるかによって、市場の反応も変わる可能性があることに注意しよう。

米国の雇用状況を確認する

ESTABLISHMENT DATA
Table B-1. Employees on nonfarm payrolls by industry sector and selected industry detail
[In thousands]

Industry	Not seasonally adjusted				Seasonally adjusted				
	Dec. 2021	Oct. 2022	Nov. 2022p	Dec. 2022p	Dec. 2021	Oct. 2022	Nov. 2022p	Dec. 2022p	Change from: Nov. 2022 - Dec.2022p
Total nonfarm	150,352	154,401	155,015	154,771	149,240	153,264	153,520	153,743	223
	127,922	131,678	132,115	132,006	127,099				
Goods-producing	20,617	21,464	21,399	21,281	20,691	21,288	21,315	21,355	40
Mining and logging	589						640		
Logging	44.7						45		
Mining	544.5								
Oil and gas extraction	125.5						136		
Mining, except oil and gas	174.1	183.2	182.7	178.4	176.3	181.0	181.7	180.8	-0.9
		38.0	38.3	36.5	38.2	38.2	38.5	0.3
		43.6	43.7	42.3	43.8	43.8	43.8	0.0
		101.1	96.4	97.6	99.1	99.7	98.5	-1.2
		277.2	282.6	244.4	274.8	276.5	281.4	4.9
	7,822	7,691	7,546	7,734	7,749	7,777	28
	1,737.1	1,724.6	1,678.9	1,721.9	1,727.6	1,736.5	8.9
	909.7	902.8	880.1	906.3	905.5	908.6	3.1
	827.4	821.8	798.8	815.6	822.1	827.9	5.8
	1,101.4	1,041.0	1,060.7	1,073.7	1,079.0	1,080.9	1.9
Specialty trade contractors	4,765.8	5,028.2	4,983.2	4,925.4	4,806.8	4,938.4	4,942.6	4,959.2	16.6

> 雇用者増加が鈍っているため経済が停滞する可能性も……
>
> **売りサイン**

> 非農業部門雇用者数は「Total nonfarm」を参照
>
> 数値が下落すれば不景気
> 数値が上昇すれば好景気と判断する

米国労働省労働統計局(https://www.bls.gov/)「NEWS RELEASE, THE EMPLOYMENT SITUATION - DECEMBER 2022」

応用 technique 102

米国雇用統計の発表直後で取引しない

直後はスプレッドが拡大しがち

毎月第1金曜発表の米雇用統計は相場が動くタイミング。FRBの最大の責務は「雇用の最大化」と「物価の安定」であるため、雇用統計に関するFRBの発信は非常に注目されている。

雇用の強さが継続すると景気は良好になり、FRBの引き締めが意識されやすく米ドル高要因に、弱さが継続するとその逆になる。

その影響力から、毎月第1金曜は「経済指標のお祭り」ともいえるが、値動きが大きくなりがちなので、当然スプレッドも拡大する。

慣れたトレーダーはスプレッドが拡大し、思わぬ動きでストップロスが執行されかねない雇用統計の発表直後に、取引するようなことはしない。事前に仕込んでおくか、雇用統計の結果を見てその後の戦略を立てるかだ。

雇用統計で値動きしたケース

[ユーロ米ドル　1時間足　2022年11月2日〜10日]

発表を受けて大きく上昇

2022年11月4日雇用統計発表

スプレッド　　▶ 通貨ペアを買うときの買値と、売るときの売値の差額

134

応用 technique 103　米中貿易摩擦の悪化は リスクオフを警戒

時事

将来的な 景気後退を早める

　米中の貿易摩擦は双方から関税をかける品目を上乗せしており、貿易戦争とも呼ばれる。

　現実的には消費税率の引き上げに等しいことから、CPI（消費者世帯が購入する商品やサービスの価格動向を表す数値）の上昇を促しているに過ぎず、FRBは、物価上昇すれば利上げを急ぐことになる。つまり中国製品への関税拡大は、結果として米国株式などの資産価格にはネガティブ材料だ。

　こうした貿易戦争は過去にもあり、スムート・ホーリー関税法が招いたのは世界恐慌、そして第二次世界大戦への着火だった。米中貿易摩擦の帰結は、CPIの上昇から景気後退を早めていることになる。FX取引は、将来的なリスクオフのシナリオを準備しておく必要がある。

応用 technique 104　ポピュリズム政権になると ユーロの強い売り要因に

時事

マクロン氏と ル・ペン党首の再戦

　2022年4月にフランス大統領選挙が実施された。前回2017年の選挙では、親EUの中道系独立候補のマクロン氏と、極右ポピュリズム政党・国民連合のル・ペン党首との決戦投票となった。

　国民連合はEU離脱や反移民を掲げていて、ル・ペン氏の支持率が上がるとユーロは弱含んでいた。今回の大統領選挙も現職のマクロン氏とル・ペン氏の接戦が予想されていたが、マクロン氏が再選を果たした。

　コロナ禍による現政権の行動規制などからくる不満はポピュリズム支持に向かいやすく、ポピュリズム台頭の下地がある。

　ポピュリズム政権となると、英国のようにEUからの離脱を指向する可能性が強まり、ユーロの強い売り要因となりえる。

スムート・ホーリー 関税法　▶　1930年にアメリカで成立した関税に関する法律で、20000品目もの輸入関税を平均して50%も引き上げた

NARが発表する住宅指数で米国の景気動向を探る

時事

好調であれば米ドル高　不調であれば米ドル安

住宅市場は、経済全般や債券市場にも影響するバロメーターのひとつだ。住宅着工戸数をはじめとする住宅関連の指標は世界各国で広く発表されているが、その注目度は地域により大きく異なるため、注目度の大きい指標を中心にチェックしたい。

特に注目度が大きいのは、NARが毎月25日に発表している米国の「新築住宅販売件数」や「中古住宅販売件数」などだ。これらの指標は米国の景気動向を大きく反映している。指標が好調であれば米ドル高、不調であれば米ドル安であると考えられる。

2022年11月の中古住宅販売件数は、過去10カ月連続で減少しており、2023年は400万戸を下回る予測も出ている。2008年に起きた住宅価格暴落よりも大きな暴落になると警告しているエコノミストもいるため、チェックしておきたい。

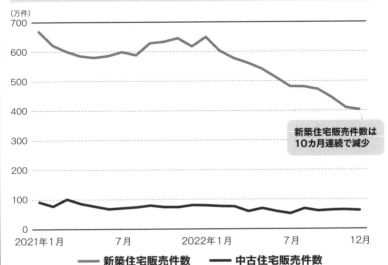

2021年〜2022年における米国の住宅指数

(万件)

新築住宅販売件数は10カ月連続で減少

―― 新築住宅販売件数　―― 中古住宅販売件数

出所：みんかぶ「アメリカ・新築住宅販売件数12月」、「アメリカ・中古住宅販売件数12月」を元に編集部作成

NAR　▶　全米不動産協会（全米リアルター協会）のこと。1908年に設立された米国最大の不動産業界団体

国の貿易赤字拡大は通貨安に直結する

時事

日本の貿易赤字は19兆9718億円と過去最大

国の貿易収支は、通貨の需要増減にもつながるため、中長期的な為替の変動に作用する。

例えば、米国では貿易赤字が続いている理由は、国内メーカーが海外で生産を行って自社製品を輸入していることなどが挙げられる。このように、モノを輸入し、世界に米ドルが支払われることで世界に米ドルが滞留。結果的に米ドル安につながるのだ。

日本でも2011年の東日本大震災後に火力発電に回帰し、LNGや原油の輸入が急増。2012年2月以降、米ドル高円安を招いている。また、原油価格が高騰したことも重なり、2022年の貿易赤字は過去最大の19兆9718億円となった。この影響もあり、2022年10月には1ドル150円を突破。日銀の大規模な金融緩和で回復しつつも、厳しい情況は続いている。

1980年以降における日本の貿易収支の推移

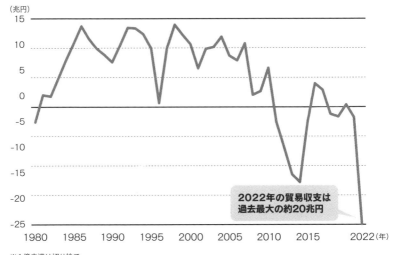

2022年の貿易収支は過去最大の約20兆円

※1億未満は切り捨て
※2022年11月輸入額、12月輸出入額は速報値

出所:財務省「年別輸出入総額の推移表(1950年以降)」、「報道発表(2023年1月19日)」

LNG	▶ 液化天然ガスのこと。石炭や石油と比較して焼却時の二酸化炭素などの発生量が少なく、 環境負荷の低いエネルギーとして注目されている

CPIが下がると
通貨安になりやすい

時事

毎月13日前後に発表される
米国の指標に注目

　CPI（消費者物価指数）は、為替に影響を与える。

　CPIとは、消費者が購入するものやサービスなどの物価変動を把握するための指標で、インフレ率を見るための重要なものとなっている。この指標が下落すると、一定の需要に多数の供給が集中していることを示す。つまり、景気の鈍化を意味し、通貨安の要因となる。

　米国では毎月13日ごろに指標が発表されるが、上昇していればFRBは利上げを検討するため、米ドル高が考えられる。反対に、下落していればFRBは金融緩和を検討するため、米ドル安になることが考えられる。

　2019年より、米国消費者物価の上昇は鈍化しており、この動きが継続すると米ドルは上昇しにくい。

IFO景況感指数が下がると
ユーロが下落する

時事

ドイツの指標が
ユーロレートに影響を与える

　2018年から続く米中貿易摩擦が、中国に工業製品を多く輸出するドイツの景気鈍化につながっている。

　ドイツのIFO経済研究所が毎月発表する「IFO景況感指数」は、景気に関する総合的な指標である。ドイツの景気の先行指標、ひいてはユーロ圏の経済指標のなかでも注目される。

　2018年までは、100を超える水準をキープしていたが、2022年12月には88.6を記録。これは、2010年の欧州債務危機の水準である95.0を下回る低い水準だ。2021年には100台に回復したものの、再び低水準の傾向にある。

　予想を下回る結果になるとユーロ売りが優勢となって下落するため、チェックしておきたい。

IFO景況感指数	▶ ドイツのIFO経済研究所が毎月発表する指数。消費者やアナリストに現在〜今後の景気動向についてアンケート調査を行った結果で、1991年を基準年（100）としている

基本
lecture
109

ユーロ圏消費者物価指数の上昇はユーロ買い

時事

ラガルド総裁のタカ派発言で上昇に転じる

2021年12月10日のユーロ米ドルは1.129。年初の1.232から1000pips以上も下落している。FRBのパウエル議長は、2022年に3度の利上げを行ったが、ECBのラガルド議長は同年中の利上げの可能性は極めて低いと語ったためだ。

しかし、11月30日に発表されたユーロ圏消費者物価指数（HICP）は前年比＋4.9％と、25年前の統計開始以来で最大の上昇率となった。

米国も10月に消費者物価指数が＋6.2％と31年振りに上昇したことにより、FRB内部でタカ派発言が見られるようになった。そのため、ラガルド総裁がタカ派発言を行うとユーロが上昇に転じる可能性があるのだ。2022年10月に一時は0.953の安値をつけたが、2023年1月19日にはラガルド総裁のタカ派発言により、1.083まで回復した。

ユーロ米ドルの動向

[ユーロ米ドル　週足　2021年12月〜2023年1月]

ECB　▶ ユーロ圏の統一的な金融政策を担う銀行。欧州中央銀行を指す

2つの雇用統計により
ドル相場が動く

時事

雇用統計とADPの間に
一定の相関がある

　米国の労働省が発表する「雇用統計」と、米国の民間雇用サービス会社ADP社が発表する「ADP雇用統計」には、一定の相関がある。

　雇用統計は毎月第1金曜日に、ADP雇用統計はその2日前の第1水曜日に発表されるが、ADP雇用統計の発表後、相場が一定の方向に動く傾向にある。例えば、ADP雇用統計が強い結果を発表すれば、一時的にドル相場が上がることがあり、雇用統計の発表が近づくにつれてその動きは強まることも。

　発表と相場の動きが必ずしも一致するとは限らないが、2つの雇用統計は多くのトレーダーが注目しており、市場を動かす材料になることも事実だ。月初めは雇用統計を反映した動きになることも頭に入れておきたい。

原油価格の上昇は輸出比率の
高い国の通貨群が狙い目

時事

ノルウェークローネ、
英ポンドやカナダドルに注目

　英国やノルウェーの領域に広がる地域で産出される「北海ブレント」や、カナダの中西部・アルバータ州北部で産出される「オイルサンド」などの原油価格が上昇すると、原油輸出比率の高い国の通貨高につながる。

　原油輸出比率の高い国にとって、原油価格高騰は輸出採算の改善につながる。その結果、ノルウェークローネ、英ポンド、カナダドルなどの通貨群が買われるのだ。

　資源価格の推移が一部の通貨の優劣を支配する典型例といえそうだ。

応用 technique 112 米連邦債務の上限が 話題になれば米ドル売り要因

時事

米国債利払い不能は デフォルトを意味する

多くの国家は国債による借り入れで運営されている。米国では、政府が際限なく国債を増やさないよう上限が定められているが、上限に近づくと政府の資金が尽き、政府機関が閉鎖する可能性がある。すると、米国債は利払いができなくなり、償還もされない。これは債務不履行（デフォルト）を意味する。2011年には債務残高の上限間際で上限の引き上げが決定したが、米国格付け会社S＆Pが米国債の格下げを発表。これにより、市場に混乱が広がり、米ドル売りが加速した。

こうした背景から、米国債の法定上限が意識されやすいのだ。

そして、2023年1月19日、米国債が上限に達し、財務省が特別措置をとると発表。ドル指数は102.43まで上昇し、102.23へ反落した。

ドル指数の動向

[ドルインデックス　5分足　2023年1月19日]

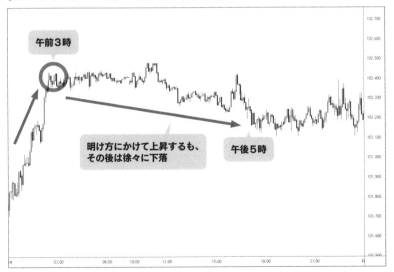

午前3時

明け方にかけて上昇するも、その後は徐々に下落

午後5時

ドル指数 ▶ 米ドルと複数の主要通貨を比較した際の、米ドルの強さを意味する。FRBや日経新聞などで発表され、「ドルインデックス」ともいわれる。

NZドルを取引するなら
乳製品の価格を要チェック

応用 technique 113

乳価の上昇は
NZドル高につながる

乳製品はニュージーランドの主要輸出品であるため、基本的に乳価の国際入札価格の上昇はNZドル高、下落はNZドル安になる。

NZ最大の酪農協同組合であるフォンテラの乳製品入札が、毎月第1・第3火曜日の21時30分に開始され、おおむね日本時間の日付が変わるころまでに結果が発表される。「たかが乳製品の入札」と思いがち

だが、規模が桁外れに大きくニュージーランド経済に与える影響が極めて大きい。結果はTwitterなどでも即座に公開されている。

落札額と指標はこのサイトで確認

フォンテラの入札は電子オークション『Global Dairy Trade』(https://www.globaldairytrade.info)で行われ、速報値もここで確認できる

応用 technique 114 原油価格の低迷は FRBの利下げ要因になる

時事

為替市場でもリスクオフの 対策を講じる

原油はあらゆる製品の素材や燃料として使われるため、原油需要の増減は、世界景気のバロメーターともいえるだろう。

景気の鈍化局面では、工場の設備稼働率の低下やガソリン消費の減少などが起こり、エネルギーの消費は縮小する。その影響で原油需要は減退し、原油価格は下落。ひいては経済コストの下落につながり、末端である消費者物価指数の下落にも大きく影響する。消費者物価指数の下落はインフレの低下要因であることから、FRBは利下げを急ぐため、米ドル安要因となるのだ。

このような事態となった場合、利下げは経済を金利面から支えるものの、株価が反応せず下落基調をたどる可能性がある。そのため、為替市場でもリスクオフの対応が必要だ。

基本 lecture 115 顧客のオーダー状況から ポジションを狙う

個人投資家の 取引レートがわかる

テクニック088では「OANDAオーダーブック」を紹介したが、為替取引専門の金融会社である「外為どっとコム」では、顧客の売買オーダー状況がわかる「為替注文情報・板情報」を公開している。注文情報は同社の顧客のものに限られ、FX市場全体から見ると小さいようにも思える。しかし、個人投資家がどの価格に注文を置いているのかを知ることで、個人投資家の動きが読みやすくなる。

リアルタイムで意識されている価格のポイントが一目でわかるため、参考にしたい情報だ。

ただし、逆にこうしたポジションがファンドなどに狙われる可能性もあるので注意しよう。

経済指標は「市場予想との差」と「前回数値との差」の両方を見る

江守哲

時事

時間軸の視点によって比較する対象を変える

トレードの判断を行ううえで、経済指標の評価は難しい。市場参加者が経済指標を利用してトレードの判断を行う場合、「実際の数値と市場予想の差」または「今回と前回の数値の差」のどちらを重視すべきか、大いに悩むだろう。

通常、経済指標は前年同月比と前月比で計測する。そのうえで、予想値、あるいは前回の数値との比較を行うのかを判断する。

一般的には、実際の数値と予想値の差を比較する投資家が多いだろう。発表前の数値に対して市場の予想が出ると、これが市場予想として広く市場で認識される。多くの市場参加者はこの数値を意識しながら指標の結果と市場の反応を確認することになる。したがって、短期的な時間軸でトレードの判断をする場合、実数と予想値の差の比較は欠かせない。そして、実際の数値と市場予想の差が大きければ「サプライズ」となり、市場は大きく変動する。逆に両者の差が小さければ、市場予想ど

おりの認識となり、相場の変動は小さくなるだろう。

一方、過去と比較して現在の経済活動が拡大、または縮小しているのかを確認したいときは、前回の数値との比較をするのが適切である。この場合、経済動向に合わせて売買することになる。市場予想ではなく、実際の過去の数値と今回発表の実勢値を比較することになるが、その差に対しても市場は反応するだろう。その反応が自身のイメージと異なり、ポジションを持っている場合、損失が拡大する可能性もある。つまり、中・長期的な時間軸でトレードの判断をする場合は、前回の数値との比較は欠かせないものとなる。

いずれのケースでも市場の動きをよく見たうえで、自身の判断に縛られずに対応できるようにしておくことが肝要であろう。

予想値や前回の数値を確認しよう

出所:みんかぶ「経済指標カレンダー」

複数の経済指標が矛盾したら
転換している指標を重視する

江守哲

時事

さまざまな指標を見て
景気や経済の動向を知る

　トレード判断において経済指標に注目してみると、実にさまざまな経済指標があることに気づくだろう。景気や経済の動向を多角的な視点から見るには、そのさまざまな指標を見ておく必要がある。指標を、トレード判断の一助にするとよいだろう。

　景気がよいとき、あるいは悪いときは、指標はおおむね同じ方向であることが多い。しかし、そうではない時期には指標がまちまちになることもある。特に、景気の転換に入ったタイミングや、景気の底打ちからの転換期にはそのような傾向が多く、また、一時的に悪化することもある。それぞれの違いを判断するのはそう容易ではない。

　例えば、景気先行指数が堅調な内容な一方、ISM製造業景況感指数が悪化している場合。CPI（消費者物価指数）が上昇する一方、住宅市場が悪化しているといった場合。それぞれどの指標を参考にすればよいだろうか。

指標を見るのと同時に
値動きの動向をよく見る

　複数の指標が矛盾した動きをしているときは、景気の状況が変化するときだと考えられるため、転換し始めた指標を重視するとよい。そうすれば、新たな経済の流れが形成され始めている初動に気づくだろう。無論、市場もそのような変化に気づき、値動きにも変化が見られるかもしれない。

　複数の指標に矛盾が生じているときや指標が転換し始めたときは、それぞれの指標を詳しく見ると同時に、値動きを確認するのがよいだろう。最終的には、値動きはすべてを織り込むからである。

複数の指標を同時に見る

［米ドル円　日足　2018年1月～2023年1月］

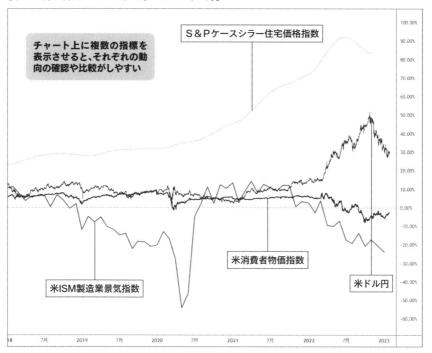

S＆Pケースシラー住宅価格指数

チャート上に複数の指標を表示させると、それぞれの動向の確認や比較がしやすい

米消費者物価指数

米ISM製造業景気指数

米ドル円

チャート上に指標を複数表示させる方法（TradingViewの場合）

①通貨ペアの右側にある「＋」アイコンをクリックする

時系列で指標を確認できる

②検索窓に「ECONOMICS:」と入力

③メニューから経済指標を選び、複数の指標を組み合わせて使える

サイドバーの「カレンダーアイコン」を選択

TradingView（https://jp.tradingview.com/）

未来を見据えた売買により
経済指標と市場動向が異なる

江守哲

経済指標の内容は
過去の情報である

経済指標と市場の動きに矛盾が生じることがある。これは、市場参加者が常に未来を予測して動いているからだといえる。

投資家の多くはトレードの判断に経済指標を活用するが、経済指標が発表されるまでには2週間～1カ月程度のタイムラグがある。例えば、1月の経済指標であれば、2月中旬～下旬ころに発表されるだろう。つまり、経済が前に進んでいるなかで発表される経済指標は、過去の情報になるということだ。

しかし、投資家は経済指標が発表される前に、これまでの経験則や過去データに基づいて未来の動向を予測し、トレードの判断を続けている。そのため、市場が将来を織り込むかたちで先に進もうとすれば、過去の経済状況を示す指標と矛盾が生じるのは当然ともいえる。経済指標に慣れてくると、経済指標の内容から推察できる市場動向のイメージと、実際の市場動向は異なることに気づくこともあるだろう。

経済指標の内容を
正しく理解することが大切

このため、市場が常に正しいわけではない。経済指標の解釈を誤り、本来進むべき方向と違うところに向かうことも十分にあり得る。そのため、市場に参加する際には、経済指標の内容を正しく理解し、その内容と市場の動きの違いも理解したうえで、自分はどのように行動するのか、つまりどのようにトレードするのかを決めるべきであろう。

経済指標の内容に対するアナリストやエコノミストなど、いわゆる金融のプロたちの見解を見てみると、それぞれ違いがある。それだけ、指標に対する考え方はさまざまであるということだ。

自身の分析力を上げたうえで、市場への対処を行うとよいだろう。

米ドル円と指標の動向

［米ドル円　4時間足　2021年5月5日〜19日］

5月7日22時30分（日本時間）に2021年4月分の米国雇用統計が発表

指標発表による影響は限定的

米国雇用統計の結果は大きく低下

	4月予想	4月結果	
非農業部門 雇用者数	＋100万人	＋26.6万人	予想を大きく下回る
失業率	5.8%	6.1%	予想を上回る

**注目度が大きい非農業部門の数値が予想以上に低下したが
米ドル円の価格の低下は小さかった**

考えられる要因

・すでに市場参加者は数値の悪化を織り込んでいた
・ほかの経済指標では好景気が予測できた　　など
ニュースを読み自分なりの考えを蓄積していくことが重要

市場に建つポジションを把握する

為替市場が一番動くのは損切りが加速するとき

国際決済銀行は3年に一度、世界の外国為替取引額を公表している。直近の2022年4月のデータでは、1日の取引額が7兆5084億ドルで、前回から＋14.1％の伸びを見せている。2022年の日本のGDPが約5兆ドルであることを考慮すると、それがいかに大きいかがわかるだろう。

この7兆5084億ドルのうち、大半が実需の裏付けがない投機だ。投機は買われたものは必ず売られ、売られたものも必ず買い戻される。為替市場が一番動くのは損切りが加速するときで、それは市場に建つポジションを日々把握することで、ある程度読めてくる。

テクニック088で紹介した「OANDAオーダーブック」で日々のポジションを確認しつつ、日銀の発表で為替相場がどれだけの規模で動いているかも確認しよう。

外国為替市場の取引高

主要市場の1営業日平均取引高【グローバル分集計結果】

1．外国為替取引高

> 2019年から14.1％伸ばし取引額は7兆ドルを超えた

(単位：10億ドル)

	2016年4月中			2019年4月中			2022年4月中	
① 英国	2,406 <	36.9% >	① 英国	3,576 <	43.2% >	① 英国	3,755 <	38.1% >
② 米国	1,272 <	19.5% >	② 米国	1,370 <	16.5% >	② 米国	1,912 <	19.4% >
③ シンガポール	517 <	7.9% >	③ シンガポール	640 <	7.7% >	③ シンガポール	929 <	9.4% >
④ 香港	437 <	6.7% >	④ 香港	632 <	7.6% >	④ 香港	691 <	7.1% >
⑤ 日本	399 <	6.1% >	⑤ 日本	376 <	4.5% >	⑤ 日本	433 <	4.4% >
⑥ フランス	181 <	2.8% >	⑥ スイス	264 <	3.2% >	⑥ スイス	350 <	3.6% >
⑦ スイス	156 <	2.4% >	⑦ フランス	167 <	2.0% >	⑦ フランス	214 <	2.2% >
⑧ オーストラリア	121 <	1.9% >	⑧ 中国	136 <	1.6% >	⑧ ドイツ	184 <	1.9% >
⑨ ドイツ	116 <	1.8% >	⑨ ドイツ	124 <	1.5% >	⑨ カナダ	172 <	1.7% >
⑩ デンマーク	101 <	1.5% >	⑩ オーストラリア	119 <	1.4% >	⑩ 中国	153 <	1.6% >
グローバル・ベース	5,066 【 ▲ 5.4% 】		グローバル・ベース	6,581 【 ＋ 29.9% 】		グローバル・ベース	7,508 【 ＋ 14.1% 】	

(注1) 各国市場は国内分の二重計上を調整、グローバル・ベースは国内・海外分の二重計上を調整しているため、各国市場の合計はグローバル・ベースに一致しない。（「2．金利デリバティブ取引高」も同様）。

(注2) グローバル・ベースおよび各国市場の計数は、今後リバイスされる可能性がある（「2．金利デリバティブ取引高」も同様）。

日本銀行(https://www.boj.or.jp/statistics/bis/deri/deri2204.htm)の外国為替およびデリバティブに関する中央銀行サーベイ(2022年4月中 取引高調査)。

| 国際決済銀行 | ▶ 主要国の共同出資による国際銀行のこと。スイスのバーゼルに本部が設置されている |

基本 lecture 120

SNSの情報に頼らず 自分の目で事実確認を行う

江守哲

⚠ リスク大

便利な情報がたくさんある Twitterだけに頼らない

トレードがうまくいかないとき、他人の意見を聞いてみたくなる。そうした場合、手っ取り早いのはTwitterである。多くの投資家や市場関係者が意見を自由に述べている。

しかし、そのほとんどは役に立たないだろう。というのも、それぞれ立場によって、市場の見方やトレードの仕方は異なるからだ。異なる立場の市場参加者の情報を参考にトレードしていると、自身のトレード方法が確立できないばかりか、他人に依存するクセがつく。

まして、その情報が間違っていたりすれば一大事である。昨今はSNSなどで手軽に他人の意見を見聞きできるが、報道などで自ら事実を確認し、トレードに生かす能力をつけるほうが大事だろう。

日経新聞で為替情報を取得しよう

日本経済新聞(https://www.nikkei.com/)では、為替やFXに関する記事が読める。無料で読める記事もあるため、一度チェックしておきたい。

インベスティングドットコム
で世界のニュースを手に入れる

Dakar

世界中のトップニュースや
金融情報をチェックできる

　トレードを行ううえで情報収集は重要なものとなる。特に金融ポータルサイトの「インベスティングドットコム」はメガバンクの社員も随時チェックしているといい、現在は24言語で展開する世界的にも有名なサイトだ。

　金融情報はもちろん、世界中のあらゆるニュースも掲載されるため、多角的な視点から為替の動向についての予測が立てられるだろう。

　また、さまざまな経済指標や、それらがいつ発表されるのかが掲載されており、とても便利だ。また、指標の結果だけでなく、予想値も掲載されているため、前回の数値と比較することも容易だ。メインのページから「経済指標カレンダー」というボタンをクリックすると、一覧が表示されるため、一度チェックしてみてほしい。

サイトで確認できる
主な経済指標

　インベスティングドットコムで確認できる主な経済指標は、金融政策発表、米雇用統計、生産者物価指数（PPI）、消費者物価指数（CPI）、住宅販売件数、小売売上高、ISM製造業景気指数などが挙げられる。

　特に、これらの経済指標は注目度が高く、為替相場に影響を与えやすい。こうした経済指標を一気に確認できるサイトはトレーダーにとって心強いため、要チェックだ。

インベスティングドットコムのサイトトップ

「インベスティングドットコム（https://jp.investing.com/）」のサイトトップ

三菱UFJ銀行のサイトで
詳細な相場展望が読める

Dakar

日、週、月単位の
相場展望が確認できる

メガバンクは通例、相場展望のレポートを公開している。そのなかでも、三菱UFJ銀行のサイトで公開されている「経済・産業レポートとマーケット情報」では、日、週、月単位の相場展望が読めるため、ぜひ参考にしたい。

相場展望とは、相場がこの先どうなるかという動向の予想のこと。つまり、明日以降の相場の見通しが書かれているのだ。

メガバンクの相場展望は、金融のプロが第一線で分析している結果だ。さまざまな情報を読み解き、言葉を選び、社内で厳しく評価されながら作成されている。相場観の正確性、即時性は、最終的には自身の待遇にも関わるため、メガバンクの担当も必死だ。

そして、こうした情報は、インターネットが普及する前は、個人投資家が銀行に直接電話して、こっそり教えられていたもので、広く知られる情報ではなかった。

インターネットは、今はもうあって当たり前なので、日々の生活の中で特別その利便性を感じることはない。しかし「こういう情報をさっと見ることができるというのは、ひと世代前の人間にとっては本当に感動するレベルのことなんだぞ」、と新入社員時代によく職場でいわれた。個人投資家は、貴重な情報を見逃す手はないのだ。

ファンダからテクニカルまで
豊富なレポートが読める

また、相場展望は「単にファンダメンタルズ的な内容だけ」と思っている人も多いだろう。しかし、ファンダメンタルズの内容はもちろん、テクニカル要因によるレポートも豊富にある。相場動向に関わるすべての話が包括的に書かれているのだ。

日、週、月単位で相場展望が出ているため、さまざまな期間の視点から相場を読み解き、自身のトレードに役立てたい。

三菱UFJ銀行が公開している相場展望

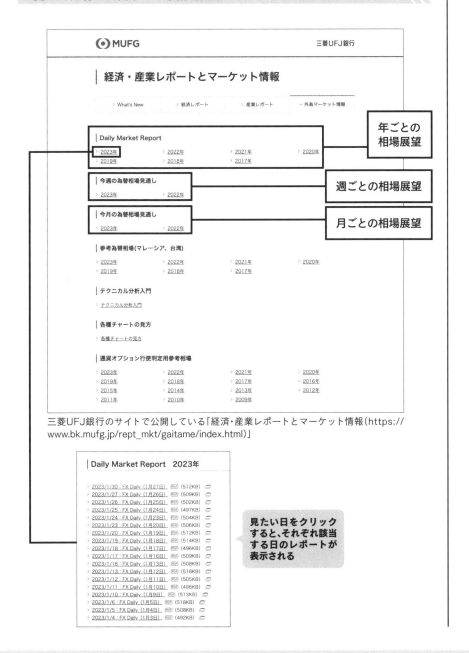

三菱UFJ銀行のサイトで公開している「経済・産業レポートとマーケット情報（https://www.bk.mufg.jp/rept_mkt/gaitame/index.html）」

得た情報の時間軸を
よく確認しよう

基本
lecture
123

Dakar

認識が異なると
大損につながる

SNSやニュースなどでトレーダーやエコノミストの取引発言をよく目にするが、重要なのは発言者が見ているチャートの時間軸である。

例えば、1分足などの超短期で1日に何度も取引を繰り返す人と、ファンダメンタルズをもとに数カ月の間ポジションを持ち越す人とでは、考える時間軸が異なる。そして、両者のトレードの方法もかなり変わってくるだろう。

誰かの意見を参考にするときは、その人がどの時間軸で話しているかをきちんと理解していないと、見当はずれの理解をして大損する場合がある。

時間軸が違えば、相場の見方も違ってくるので、発言者の意図する時間軸を知った上で、利用するとよい。

トレード手法を解説する筆者のツイート

Dakarさん(@111coffeeBreak)のツイート

SNSで添付されている画像や資料などがあれば、そこから時間軸を確認するとよい

資産管理・メンタル

投資・トレードを続けるうえでは、
リスクを管理し、資産を守ることが必要不可欠。
FXにおいてリスクとうまく付き合う方法を解説。
平常心を持ちトレードに備える!

「負けトレード」の経験が
投資家を強くする

もちぽよ

自身の負けパターンを知り
勝ちへとつなげる

トレードをすれば、誰もが「負けトレード」を経験する。しかし、負けトレードにこそ稼ぐためのヒントがある。

トレードで負ければ、「二度と同じことはしない」と決意をするが、99%は再び同じような負け方をしてしまう。重要なのは、シンプルになぜ負けたかに焦点を当てて、実際のチャートを見て原因を深堀することにある。

冷静になってから振り返ることで原因が見えてくる。それを自身の負けパターンとしてパターン化していけばトレードでの負けを減らすことができ、おのずと勝ちトレードを増やせるので頑張りたいところ。

トレードの勉強だけでなく「検証」や「練習」をする習慣を身に着けると飛躍的にコツが掴めるはずだ。

負けトレードの原因を追究する

[米ドル円　1時間足　2022年8月10日〜15日]

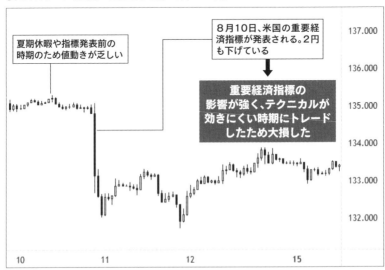

油断は禁物
根拠を持ってトレードに挑む

もちぽよ

トレードを行う目的に目を向ける

投資を始めたての人が油断しやすい時期は、調子よく稼げ始めたときや大きく稼げたときだろう。

経験で裏打ちされた明確な根拠を持たずに投資や投機（まとめてトレード）をして稼げた場合に、自分には才能や実力があると勘違いしてしまいやすい。

相場は常に変化していて、昨日と今日で同じ動きをするとは限らない。むしろそういったことはほぼないので、同じ調子で根拠なくトレードをしてしまうと痛い目を見ることになる。

トレードは初心者や上級者に関係なく、稼げるときは稼げるが、損するときは損をするもの。大事なことは稼げた資金を増やし続けて引退するなり、再投資してトータルで増やすことにある。一瞬の稼ぎだけで喜ぶのは間違いといえるだろう。

根拠のないトレードは禁物

レンジ相場から一転、
大きく値を下げている

相場は常に変化しているため
根拠のないトレードは避けよう

基本 lecture 126 「退場しがちな投資家の特徴」7つ

Dakar

トレードプランニングに則りトレードを行う

退場する傾向が強い投資家がやりがちなことは、大きく7つに分けられるだろう。

①負けた後に逆に入って負ける、②ナンピンし続けるも最終的にゼロカット、③損切りした瞬間に反転開始、④今までの勝ちが博打の雇用統計トレードで台無し、⑤指標をチェックし忘れて大負け、⑥ビギ

ナーズラック経験後の大負け、⑦ロットを上げた直後の大負け、だ。

これらを一挙に解決する方法は存在する。それは、常にトレードプランニング通りにトレードを完遂する、というやり方だ。もちろん「言うは易く行うは難し」と感じてしまう人も多いかもしれない。ただ、トレードルールの厳守は、メンタル強化によって徹底していくことができる。

基本 lecture 127 リスクリワードは勝率とセットで考える

川崎ドルえもん

関係性を理解したうえで比率を設定する

リスクリワードは、損切り（リスク）と利益確定（リワード）の比率のこと。例えば、損切り幅を10銭、利確幅を20銭に設定するとリスクリワード比率は1：2となる。

リスクリワードは損切り幅を"1"を基準にして頭に表示し、後ろに約分した利確比率を表示するのが一般的。損切りを100銭、利益確定を

50銭にしたら1：0.5と表示する。

FXトレードではリスクリワードがかなり重要で、勝率と一緒に考えていく。例えば、勝率が80％のすごい手法があったとしても、そのトレードで損益比1：0.2の取引を繰り返すと、たとえ8回儲かったとしても残り2回の損切りが大きすぎるため儲からない。リスクリワードと勝率の関係性を理解してその比率を決めていこう。

ロット　▶ FXにおける通貨の取引単位。枚数で表現することもある。一般的には1万通貨で1ロットとするが、100通貨や1000通貨で1ロットとする場合もある

応用 technique 128
勝率4割でもリスクリワードで黒字にできる

平野朋之

勝ち金額の増加を意識してトレードする

例えば勝率が4割なら、平均すると10回のうち4回は勝つことになるが、トレードを継続していくと、5連敗またはそれ以上の連敗に遭遇する可能性がある。勝率が高い方が聞こえはよいが、負け金額が大きくなると、回復するまで時間がかかってしまう。トレードの目標のひとつが最終的に勝つ事であれば、勝ち回数より、利益額を増やすことに集中

するとその目標に近づく。

図1は勝率が7割、勝ちPipsが100、負けPipsが150で500回トレードを行った結果の検証上での損益図。図2は勝率が4割、しかし勝ったときは250Pips、負けは100Pipsの損益図だ。図2の方がはるかに損益曲線は右肩上がりになっていて、売買回数を重ねるほど利益が伸びている。リスクリワードをふまえ、勝率よりも勝ち金額を増やすことを意識することが大切だ。

2つの損益図を見比べる

図1

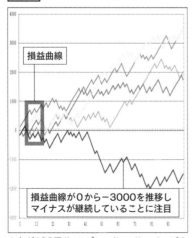

損益曲線

損益曲線が0から−3000を推移しマイナスが継続していることに注目

1本が100回分、スプレッド、スリッページなどのコストは省略

図2

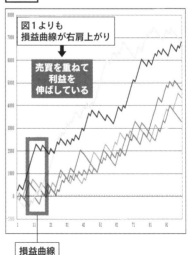

図1よりも損益曲線が右肩上がり

売買を重ねて利益を伸ばしている

損益曲線

基本 lecture 129 ロットは収益と損失に 合わせて変更する

江守哲

証拠金が減少したら
ロット数も減らす

　ロットは、証拠金の使用率にかかわる問題である。経験則的には、トレードに使用する証拠金を25％以内に抑えておくと、心理的に楽にトレードできるだろう。その範囲で、各通貨ペアに証拠金を振り向けることになるが、その際には収益性の高い通貨ペアにウェイトを高くして配分すべきだ。また、収益が上がって

きて、証拠金が増えることになったら増えた分を均等に振り向けるのがよいだろう。ただし、その場合には慎重に増やすようにしたい。

　一方で損失が続き、証拠金が減少したら、ロット数もその比率に合わせて減らすべきだ。損失が出たからといって、ロットを増やしてトレードすれば過度なリスクを取っていることになる。トレードを続けたいのであれば、絶対に避けよう。

基本 lecture 130 投資に不可欠な「損切り」 捨てる覚悟を身につける

資金を投じれば
損切りも重要になる

　FXでも株でも不動産でも、何かに資金を投じるということは、それがうまくいかない場合はある程度の資金を捨てる覚悟が必要になるということ。

　ポジションの所有期間を長くすることで、その分含み損（決済前の段階で損失が出ている状態）がいつか解消されるだろうと期待するかもだ

が、FXはスワップやらレバレッジもあるので相場次第ではかえって損が悪化する場合もある。

　だから、損失を確定させる損切り（ストップロス）が重要になり、そうした投資に不可欠な覚悟を身につけるためにも、FXを通じて投資を学ぶことは有益なのだ。

相場解説を正しく知るために論理性を高める

受け取った情報を論理的に判断する

相場が動く理由は相関関係を説明しているだけなので、どのようにも説明可能だ。問題はそうした情報を受け取る側が論理的に判断できるかどうかということ。論理的思考に慣れない人は誰かの意見を鵜呑みにしやすく、結果が出ないこともある。そのため、騙されたと思う前に自身の論理性を高める必要がある。

NHKの教育番組「ロンリのちから」は、こうした論理性を欠いて騙されることを回避するために、観ておくと参考になる。

また、三段論法や、仮説形成などは、相場解説を見るうえでも基本になる。これらの視点が欠けていると、盲目的に誰かの意見に従い騙されることもある。論理矛盾や論理の飛躍などに気づき、騙されることがないようにしよう。

FX本は最低3回読み直してみる

さらに理解を深めるために読み返す

FXを始めると勉強のためにブログを読んだり、本を読んだりすることがあると思うが、一度読んだだけで終わるのはもったいない。

書籍を読んだら3回は読み直すと、理解がさらに深まる。FXには特に深く広範な知識が必要とされるため、経験が浅い段階で、一度読んだだけでは理解できずに読み飛ばし

ていく可能性が高い。

特に一度読んだ知識を、リアルトレードで実践後に読み返してみると、一度目で得られなかった気づきを得られることが多いのだ。

FXの知識は実践だけで得られるものではないため、こうした書籍などから勉強する時間も確保しつつ慎重に続けていこう。

応用
technique
133

同じ手法を繰り返して有効性を検証する

もちぽよ

検証と練習を行い実践レベルまで落とし込む

短期トレードやテクニカル指標をメインに行うトレードはスポーツと一緒と言っても過言ではない。

自身が使用する手法あるいは理論なりトレードのパターンは、頭で理解しているだけでは、リアルタイムのトレード（実際のお金が絡んでいる状態）で上手く使いこなすことは困難だ。知識を体感して体に染みついているわけではないため、判断に迷ってしまい感情も欲望も抑えられず下手なトレードを繰り返しやすくなる。

例えばサッカーや野球の初心者が、テクニックやルールの本を読んだからといって、いきなり試合に出て上手くプレイするのは難しい。

トレードにおいても、ネットに落ちている情報や教わった事を自身で検証したり練習もせずに実践してしまい損し続ける人が多い。

有効性を高めるために、使用するトレード方法、売買の根拠とすることを何度も過去チャートで確認して、「本当に有効なのか」「どんな状況だと有効か。有効ではない時はどんな状況か」など、そのトレード方法の弱点や強みを何度も確認し、実際に動いているチャートで売買シミュレーションして練習してみよう。

面倒に思えるかもしれないが、楽しんで行うことで機械的にトレードできるようになっていく。逆にどれだけたくさん勉強したり知識が豊富にあっても、検証や練習の繰り返しで実践レベルに落とし込んでいかなければ、実際のトレードではコツが理解できていないので簡単に損してしまうもの。

どれくらいの回数や期間で繰り返し有効性を検証した方がよいかというと、自身でコツが掴めたと実感して、実践期間で利益を残せるようになってきたときだ。一概にどれくらいやれば良いかは、使える時間や理解力があるため異なる。自信がつき、使用するトレード方法や売買根拠を信頼できるレベルまでやってみよう。

トレードサイクルの比較

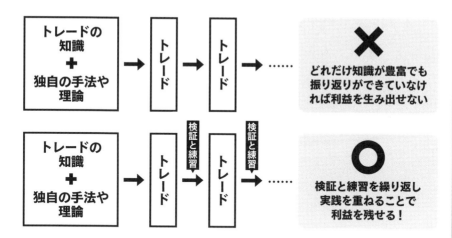

検証のやり方

FXをはじめたばかりの人

●トレードスタイルを検証する
現在のトレードスタイルが日々の生活にどれほど負担がかかるのか確認する

●ツールを検証する
生活スタイルに合わせて通貨ペアや時間足などを組み合わせて試す

FXをある程度経験している人

●過去のチャートで検証する
・本当に有効なものか?
・有効でないときの状態は?
などを確認する

検証の期間

使用するトレード方法や売買根拠を信頼できるまでやりこむ

ヘッドラインで動く相場では
ポジションを落とす

■ヘッドライン・ドリブン
に要注意

　ヘッドラインとは新聞などの大見出しを指すことから、ニュースソースの見出しの一文を指すことが多い。報道で相場が急に動く場面を「ヘッドライン・ドリブン(Head line driven)」、または「ヘッドライン・リスク(Head line risk)」という。

　報道内容のインパクトにもよるが、特に市場参加者が減り、流動性が低下した場面では、こうしたヘッドラインに突発的に流れるニュースなどが、短期的にはかく乱要因となり、極端な動きが起こりやすくなるのだ。

　トレードを行う立場としては一番厄介な場面ゆえに、ヘッドラインで動く相場になってきたら、ポジション量を落とすなどしてなるべく巻き込まれないようにしたい。

相場を動かすヘッドライン・ドリブン

ヘッドライン・ドリブン	フラッシュニュースで相場が動く場面のこと

フラッシュニュースはニュースの配信会社から出される速報記事を指す

●市場が着目する経済指標 ●米国雇用統計の数値 ●日銀の金融政策決定会合	発表時間が定まっているものとそうでないものがある。後者は思惑的な動きをすることも

●予期できない 　大きな事件や事故	自然災害のように、突然出される大きなニュースも含まれる

応用
technique
135

スリッページは流動性の高い通貨で避けられる

スリッページは相場の自然な動き

イベントやヘッドラインなどで相場が急激に動いた場合、ボラティリティ（テクニック041）が高まるためFX会社のスプレッド（取引をする際の買値と売値の差）が拡大したり、あるいは注文したレートと約定がずれるスリッページが発生しやすい。

こうした場面では、FX会社がカバー先として取引しているインターバンク市場（銀行や証券会社などが参加するオンライン市場）自体でも同じことが起こっており、相場では自然な動き。ある程度仕方のないものとして受け入れる必要がある。

それを避けたいならイベント時や流動性の低い通貨を選択しないなどの工夫をしよう。

スリッページの概要とイメージ

スリッページ

注文を発注するときに提示されたものと、実際に約定したレートにずれが生じること

常に相場は変動するため、急激な変動によって短い時間でもレートが変わってしまうことがある

スリッページが発生しやすいタイミング

● 経済指標が発表される前後の時期
● イベントや事件の発生時

スリッページのリスクが高まるため気をつけよう！

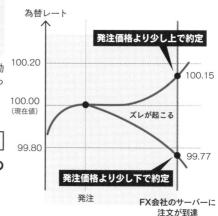

低スプレッドが狙える
母国市場の時間内で取引する

取引量が多く
かつ実需の決済も多い

米ドル円におけるNY市場と東京市場のように、各通貨のマザーマーケット（母国市場）は一番取引が多い。輸出入を筆頭に実需の決済も集中するからだ。

例えば円であれば東京時間、豪ドルであれば日本時間では午前中が中心、ユーロやポンドは欧州時間となる。

こうした時間に取引する優位性は低スプレッドで取引できること、更には自分のポジションが逆に行った場合、価格が飛んでしまって大きなスリッページが発生するといったリスクも軽減できる。

こうしたマザーマーケットのメリットを最大限に生かさない手はないのだ。

マザーマーケットの例

通貨ごとのマザーマーケット

円	→	東京市場
ユーロ	→	ロンドン市場
米ドル	→	NY市場

通貨ペアごとのマザーマーケット

米ドル円	→	東京市場とNY市場
ユーロ米ドル	→	ロンドンとNY市場
ユーロ円	→	東京市場とロンドン

ユーロ米ドルの時間帯別変動率

08時〜 09時〜 10時〜 11時〜 12時〜 13時〜 14時〜 15時〜 16時〜 17時〜 18時〜 19時〜 20時〜 21時〜 22時〜 23時〜

出所：松井証券

変動率が高くなるのは母国市場である
ロンドン・NY 市場

応用
technique
137

トレンドに従った
保有ポジションの管理方法

江守哲

トレンドが転換したらポジションを解消

ポジション管理のやり方は、トレードスタイルに大きく左右されるだろう。

自分のスタイルがトレンドフォロワーか、スキャルパーか、あるいはポジショントレーダーなのかによって大きく異なるはずだ。

私はトレンドフォロワーで、基本的にはトレンドが継続しているうちはポジションを保有している。ただし、相場が行き過ぎたと判断した際には手仕舞いを行い、利益を確定する。その際には、ストキャスティクスなどトレンド転換がわかるテクニカル指標を使うと、利益を確保しやすくなる。保有期間はトレンド次第であるため、トレンドが変わったと判断すれば、最低でもポジションは解消する。そうしておけば、次の戦略を考える余裕ができるはずだ。

代表的な3つのスタイル

①トレンドフォロワー
相場の大きな流れに乗り
利益を得る投資家

②スキャルパー
わずかな利幅を狙い、
1日に多くの取引を行う投資家

③ポジショントレーダー
売り買いのポジションを建てて、
長期でポジションを保有する投資家

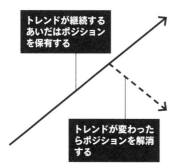

トレンドが継続する
あいだはポジション
を保有する

トレンドが変わった
らポジションを解消
する

ポジション管理は
トレードスタイルの
影響をうける

負け続けても冷静さを失わずに
ルールどおりトレードする

江守哲

決めたルールを守って
トレードを続ける

　負けが続く理由はさまざまだが、どんなトレードにおいても「なぜ負けたのか」と、負けた原因を冷静に分析する力はきわめて重要だ。

　ルールにしたがっていたとしても、すべてのトレードで利益を出すことは不可能だろう。自分で決めたルールのとおりにトレードをして、負けたなら仕方がないといえる。

　ただ、ルールを破って出した損失を取り戻そうと、感情的になってしまうことはよくない。特に負けが続くと冷静さを失い、さらなる判断ミスを誘うことになってしまう。

　打率が3割を超える優秀な打者も、言い換えれば、打席に10回立って7回はアウトになっている。そうした場面では、何がダメなのかを冷静に分析し、ルールを守ることが、ステップアップにつながるだろう。

負けが続いているときの対応

OK …負けている原因を探る
エントリーのタイミングはどうであったかなど冷静に原因を分析すると、ステップアップにつながる

の結果 ト レ ー ド	1	2	3	4	5	6	7	8	9	10
	×	◯	◯	×	×	◯	×	×	×	×

NG …感情に任せてトレードをする
負けを取り戻そうといつもはしない場面でもトレードを行うと、返って判断ミスを誘い、損失が膨らむ

トレードの不安は売買の経験を積むことでしか解消できない

もちぽよ

トレード経験を積めば不安が解消されていく

トレードにおいて不安になることは多々あるが、これは圧倒的にトレードの経験が不足しているか、過去の大損によるトラウマである可能性が高い。

そのような状態で、いくらメンタルを鍛えようとしたり、トレード手法をたくさん覚えて勉強したりしても、状況は変わらない。勝ちやすいトレードのパターンを体験し、売買の根拠を蓄えていく必要がある。

何度もトレードを経験し、自分が「勝ちやすい」と信頼できるエントリーパターンや売買の根拠を持っていれば、トレードの判断に迷ったり、不安になるポジションを抱えることは減っていくだろう。そして、利益が残る経験が徐々に増えていけば、それが自信となる。

まずは勝ちの経験を積む

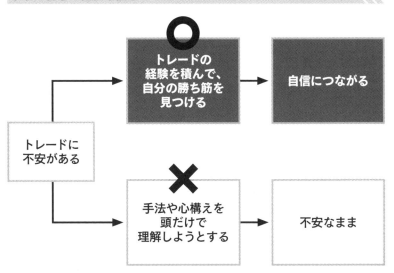

171

ひとつのトレードで負けても
トータルで勝てば問題ない

江守哲

ヘッジファンドの
発想で取引を行う

個人投資家が犯す間違いのなかに、「すべてのトレードで勝つ」「限られた銘柄で勝つ」というものがある。例えば、「ドル円だけを集中して取引し、利益を上げる」のは、リスク管理の面で大きな誤りなのだ。

基本的にドルストレートの7通貨ペアを同時に取引し、リスク分散させている。そして、「ある通貨ペアで負けても、ほかの通貨ペアで利益を上げ、トータルで利益が残ればよい」と考えたいところ。いわゆる「ヘッジファンド」の発想である。

こうしたヘッジファンドの取引では、結果的に日々の損益のブレが小さくなり、損失は少額で、利益は高額になりやすい。通貨ペアごとのロットサイズのウェイトづけを行い、トレードを繰り返せば、トータルで勝ちやすくなると実感できるだろう。

ヘッジファンドの考え方

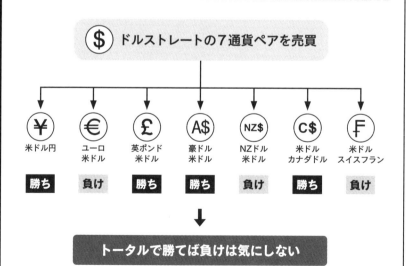

ドルストレートの7通貨ペアを売買

¥ 米ドル円	€ ユーロ米ドル	£ 英ポンド米ドル	A$ 豪ドル米ドル	NZ$ NZドル米ドル	C$ 米ドルカナダドル	F 米ドルスイスフラン
勝ち	負け	勝ち	勝ち	負け	勝ち	負け

トータルで勝てば負けは気にしない

基本 lecture 141 常にポジションを 持つ必要はない

もちぽよ

絶好のタイミングまで 「待つ」ことも重要

トレードにより利益を出し始めると、常にポジションを持っていたくなることもあるだろう。これは、売買の根拠やトレードのパターンが身についていなかったり、短期間で一気に資金を増やしたいという思いが強すぎたりして起こる、いわゆる「ポジポジ病」だ。

FXでは市場が24時間動いているわけだが、常に稼ぎやすいチャンスがあるわけではない。それでも稼ぎたいからと焦ってトレードすると、負けトレードが増えてあっという間に資金を失ってしまう。

トレードの心構えで大事なことは、第一に余計なトレードをせずに大切な資金を守ること、第二に自身で信頼できる根拠（チャンス）が当てはまるまでは「待つ」こと。「トレード回数の多さ＝利益が増える」とは限らないと、頭に刻んでおこう。

取引回数に差がある人の資産推移のイメージ

取引回数が少ない人

チャンスまで「待つ」ため、取引回数は少ないが1回の損失が小さい

取引回数が多い人

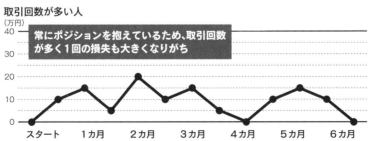

常にポジションを抱えているため、取引回数が多く1回の損失も大きくなりがち

基本
lecture
142

過去のトレードを検証して
負けるトレードを避ける

もちぽよ

基本の作業を
続けることが大事

テクニック141と関連して、過去のトレードを分析し、「勝つトレード」を選び、「負けるトレード」を避けるようにすると、勝率が上がる。

トレードにおいて分析は基本だが、根気のいる作業であるため、できている人は少ない。これが、トレーダーが退場していく最も多い理由といえるだろう。

「トレードで稼ぐ」ということは、運で大きく稼げるときもあるだろう。しかし、それを継続できる人はほとんどいない。基本を怠れば、いつかは利益を失うだろう。

そうならないために、売買の根拠があるポイントのみで安定的にトレードを行い、着実に利益を残す「勝つトレード」をつくること。自身が稼ぎ続けられるトレード方法を検証し、練習あるのみだ。

勝率を上げる基本的な方法

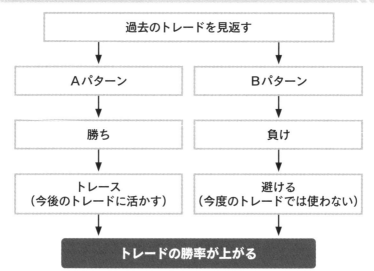

ルールを守れば
メンタルが安定していく

江守哲

利益の上がらないルールは変更してよい

すべての物事にはルールがあり、それにしたがって行動することが大切だ。思いつきで行動すれば、その後に痛い目に遭うのが世の常。

トレードの場合、厳格なルールを自身で確立し、その通りに実行する必要がある。トレードで利益を上げたいならば、まず利益力のあるルールづくりをしよう。そのうえで、つくったルールを着実に守ることができるのかを確認することも大事だ。

そして、ルールどおりにトレードしても利益が上がらない場合、そのルール自体が間違っていることがある。その場合、ルールを改善し、淡々とトレードを続けよう。

ルールどおりに行動できるようになると、大きな損失は減っていき、勝率も上がっていく。その結果、安定したメンタルで日々のトレードに励むことができるだろう。

安定したトレードのために行うこと

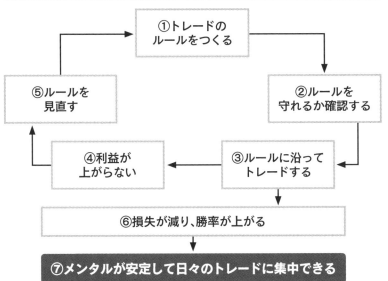

①トレードのルールをつくる

②ルールを守れるか確認する

③ルールに沿ってトレードする

④利益が上がらない

⑤ルールを見直す

⑥損失が減り、勝率が上がる

⑦メンタルが安定して日々のトレードに集中できる

トレード仲間がいると
生き残りやすい

成功への道は
「退場しない」こと

何事も仲間がいるほうが続きやすい。FXは続けること（退場しないこと）が成功への第一歩であり、同じ志を持つ仲間を見つけるのは生き残るためにも重要だ。

そこで活用すべきは、メルマガやイベント、もしくはSNSなどのオフ会などの集まりだ。

メルマガには購読者が相互に交流する掲示板が用意されていたり、FXセミナーなどのイベントでトレーダーが集まる場に参加すれば、仲間を見つけたりすることができる。

特に、FXをはじめとする金融の情報は世の中に溢れているため、間違った情報に踊らされないためにも人脈をつくることは重要だといえる。

FXトレーダーとの交流方法

①金融業者などが主催するオフ会に参加する
➡有名投資家やアナリストなどゲストの話を聞ける可能性がある

②SNSなどで活動する個人投資家が主催するオフ会に参加する
➡気軽に質問したり、FXとは関係のない話で盛り上がることもできる

③FX情報のメルマガに登録し、掲示板を活用する
➡直接会うことが不安でも、ほかの個人投資家と意見交換できる

④FXのセミナーに参加する
➡しっかりとした講義を受けつつ、同じくらいのレベルの投資家と出会える可能性が高い

など

為替ディーラー ▶ 金融機関でマーケット部門に所属し、為替取引を専門に行う人。銀行間で取引するインターバンクディーラーと、対顧客で取り引きするカスタマーバンクディーラーがいる

「相場を休む」ことが利益の向上につながる

為替ディーラーに対する優位性を利用する

テクニック019と関連するが、個人投資家は「トレードをしない時期」を設けることで利益の向上につながる可能性が高い。

為替ディーラーは、絶え間なく取引を強いられるため、自分で明確な勝ち筋がない場合でも、ポジションを抱える必要がある。

一方、個人投資家（ミセスワタナベ）は、相場観がないときは取引を見送ることができ、これがインターバンクディーラーに対する最大の優位性だろう。

積極的に「休む相場」を活用して、無駄な取引を減らし、相場観が明確なときに集中して取引を行うことで、利益を上げることができるだろう。

トレードログには判断理由を明記しよう

過去のトレードの検証や得意な手法が見つかる

トレードに関する記録を記す「トレードノート」。これには、2種類ある。ひとつは「ルールブック」で、自分の取引ルールを考え記したもの。もうひとつは「トレードログ」といい、取引記録をつけたものである。

より重要なのはトレードログだが、取引記録は約定記録を見ればわかるため、ここで重要となるのは「売買の根拠」だ。なぜそこで取引したのか、なぜそう考えたかを記録することで、過去の成功や失敗をトレースすることが容易になる。

自分の得意な時間帯や得意な通貨ペア、得意な取引方法などが見えてくるだろう。

ミセスワタナベ ▶ 日本の個人投資家の総称。日本の為替市場で昼休みの時間帯に個人投資家が為替市場を大きく動かしたことをきっかけに、日本人の代名詞として英国で使われるようになった

自分が耐えられる
最大損失額を決める

川崎ドルえもん

投資資金に対して
損失許容の率を想定しておく

FXトレードの資金管理の第一歩は、1回のトレードでどのくらいのリスクを取るのか、どのくらいの損失を許容するのかを決めることから始まる。誰しも損失は出したくないが、100発100中で未来を当てられない以上、FXトレードで損失を出すタイミングは必ず訪れる。そのとき、1回の取引でいくらまでの損失を許容できるのかを決めておけば、実際に損失を出しても、ある程度の含み損には驚くことはなくなる。

この損失許容金額は、投資資金の3％以内に収めるのがよいとされている。例えば、投資資金が30万円なら9000円、100万円なら3万円となる。もちろん、3％も損失をしたくなければ、減らしてよい。

重要なのはトレード中に自分が不安にならないことで、トレードに慣れたらリスク金額を増やすのも手だ。

最大損失額の早見表

投資資金	自分が耐えられる損失額			
	2%	3%	4%	5%
10万円	2000円	3000円	4000円	5000円
30万円	6000円	9000円	1万2000円	1万5000円
50万円	1万円	1万5000円	2万円	2万5000円
100万円	2万円	3万円	4万円	5万円
200万円	4万円	6万円	8万円	10万円
500万円	10万円	15万円	20万円	25万円
1000万円	20万円	30万円	40万円	50万円

何pipsで損切りするかを決めておく

川崎ドルえもん

損切りポイントを決めたら必ず実施する

FX初心者の多くは、損切りポイントを決めずにとりあえずポジションを持つという行動をしてしまいがちだが、それは大きな間違い。トレード開始前に損切りと利益確定ポイントを決めておかないと、資金管理ができなくなる。

例えば、「この安値を超えたら絶対に損切りをする」「トレンドラインを下回ったら損切りする」など、自分のなかで損切りポイントを決めておこう。そうすれば、何pipsで損切りするかが自然と決まるため、持つロット数が計算できる。

また、最初に決めた損切りポイントに到達したにも関わらず、「やっぱりもう少し耐えよう」という考えはよくない。トレードの度にルールを変えると、勝つトレードはできない。損切りしたあとで今後のトレードや対策を練ろう。

川崎ドルえもんさんが考える損切りポイント

変動幅の小さい通貨ペアの場合

トレード手法	損切りするpips
スキャルピングトレード	10pips〜20pips
デイトレード	50pips〜100pips
スイングトレード	100pips〜300pips

変動幅の大きい通貨ペアの場合

トレード手法	損切りするpips
スキャルピングトレード	20pips〜40pips
デイトレード	100pips〜200pips
スイングトレード	200pips〜600pips

保有してもよい
最大通貨枚数を決める

川崎ドルえもん

■ アプリの最大保有できる
通貨枚数は参考にしない

損失許容金額と損切りポイントが決まれば、そこから最大保有可能な通貨枚数を計算することができる。

例えば、決めた損失許容金額が3万円で、損切りポイントが今のレートから100pips下だった場合、「3万円×1円＝3万通貨」を持つことができる。これは、実際に3万通貨のロングポジションを持ってレートが100pips下がれば、損失額は3万円になるということだ。

このように、最大損失額と損切り幅からロットを決めれば予想外の損失にも驚かなくなるだろう。

金融業者が提供するFXのアプリでは、「最大保有可能通貨枚数」が表示されているが、レバレッジを最大にした際に持てる枚数であるため、参考にしてはならない。自分で計算して適切な通貨枚数のポジションを持とう。

適切な通貨枚数の求め方

$$（損してもよい最大損失額）\times（損切りするpips数\div100）$$

「pips」を「円」に変換する

$$＝\boxed{最大保有通貨枚数}$$

投資資金が100万円、最大損失額が5％、損切りポイントは100pipsの場合……

$$（5万円）\times（100pips\div100）＝5万通貨$$

180

応用
techniqie
150

「2つ目の損切り」を設定しておく

川崎ドルえもん

相場が想定どおりでなければできるだけ資金を守る

損切りポイントはひとつだけでなく、2つ目の損切りポイントを考えておくことも必要だ。

相場では、ポジションを持った後でも経済指標や要人発言によって逐一状況が変化する。そこで、「必ず損切りするポイント」とは別に、想定どおりに相場が動かなかったときに行う損切りも考えておこう。

損切りは誰にとっても嫌なことだが、大きな含み損失が発生すると頭が混乱して最適な判断ができなくなる。そのため、2つ目の損切りポイントを用意しておけば、「必ず損切りするポイント」よりも早く損切りができ、損失を減らせるのだ。

また、2つ目の損切りポイントを活用していると、「あそこで損切りしなければよかった」と思うこともあるが、それは結果論だ。自分の資金を守ることを第一に考えていこう。

2つの損切りポイント

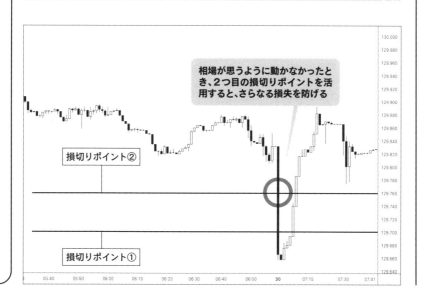

相場が思うように動かなかったとき、2つ目の損切りポイントを活用すると、さらなる損失を防げる

損切りポイント②

損切りポイント①

クロス円以外の通貨ペアの計算方法

応用 technique 151

川崎ドルえもん

声に出すと理解しやすくなる

FXでは通貨ペアの関係性を理解しておくことが必要だ。通貨ペアの関係性は、口に出すとわかりやすくなる。例えば、米ドル円が120円なら「1ドルが120円」。ユーロ米ドルが1.11ドルなら「1ユーロが1.11ドル」となる。

つまり、テクニック001でも解説しているレートとは基軸通貨（分子）が決済通貨（分母）単位でいくらなのかを表すものだ。

これが理解できるようになると、おもしろいことに気がつくだろう。「ドル円が120円」で、「ユーロ円が120円」だった場合、ユーロ米ドルのレートはいくらになるか？　答えは、「ユーロ米ドル1.0000ドル」。

同様に、FXにおいて必要な証拠金は基軸通貨の価値で決まるため、英ポンド円も、英ポンド米ドルも、クロス円以外の通貨を扱う際の考え方は共通している。

通貨ペアの関係性と計算方法

通貨ペアの関係性

米ドル円が120円＝**1ドルが120円**
ユーロ米ドルが1.11ドル＝**1ユーロが1.11ドル**

クロス円以外の計算方法

米ドル円が120円、ユーロ円が120円
　＝1ドルが120円、1ユーロが120円
　＝ユーロ円÷米ドル円
　＝ユーロ米ドル1.0000ドル

制度

口座を開設するべき証券会社の特徴、FXにおける節税方法、
海外口座での情報など、
知っているだけで得するFXの制度情報を解説。
制度を活かせ!

追加証拠金制度のある
FX会社の口座を選ぶ

川崎ドルえもん

■ 証拠金維持率が100%未満
■ でもすぐに強制決済されない

どのFX会社で口座開設をすればよいか迷っている場合、「追加証拠金制度」のある口座を選ぼう。

FXでは証拠金維持率が100%以上必要で、100%未満になると強制決済（ロストカット）される。

しかし、追加証拠金制度のあるFX会社であれば、証拠金維持率が100%未満になっても一定の猶予が与えられる。指定された時間までに追加入金をして、維持率を100%以上にするか、ポジションを一部決済して証拠金維持率を100%以上にすれば、強制決済をされることはない。

ただし、追証の期間内でも、さらに証拠金維持率が指定の維持率を下回ると、強制決済される場合もあるため。追証は早めに解消しておく必要があるだろう。

この追証制度は、トレードにおいてのメリットもある。例えば、予想外の急落があった場合でも、強制決済されにくくなる。そのため、リスクを減らすという意味でも追証制度

の活用は有効的だ。

■ 追証制度がない
■ FX会社もある

この追証制度は提供している会社としていない会社に分かれ、また、会社によって適用条件も異なる。マネーパートナーズでは追証が発生した場合、18時までに追証を解消する必要があり、SBI FXトレードでは翌日の取引可能時間終了の30分前まで（5時〜6時。夏・冬時間によって異なる）と対応が分かれる。

これに対して海外FX会社は、損失を負ったとしても、残高がマイナスにならず0になる「ゼロカット」を採用している。国内の追証がないFX会社としては、LINE FXが挙げられる。

追証の期限以外にも、FX会社によって異なるルールが設定されているため、会社のホームページなどで調べてみよう。

証拠金維持率　　　▶ 必要な証拠金に対する純資産額の割合。「純資産÷必要証拠金×100（％）」で計算する

追加証拠金制度のある主なFX会社

FX会社	追証期限
GMOクリック証券	追証発生日の翌々営業日の12時まで
DMM FX	追証発生日の翌営業日の4時59分まで
SBI FXトレード	追証発生日の翌営業日の取引可能時間終了30分前まで（夏時間で5時、冬時間で6時）
外貨ex	追証発生日の24時まで
楽天FX	原則、追証発生日の翌取引日の18時まで
マネーパートナーズ	追証発生日の18時まで
MATSUI FX	追証発生日の翌取引日（祝祭日を含む）の15時まで
マネックス証券	・平日の早朝に追証が発生した場合、その日の24時30分まで ・土曜日の早朝に追証が発生した場合、月曜日の24時30分まで ・祝日の早朝に追証が発生した場合、翌早朝の再判定で追証が発生したらその日の24時30分まで ・土曜日の早朝に追証が発生し、月曜日が祝日の場合、火曜日の早朝の再判定で追証が発生したらその日の24時30分まで
FXプライム	追証発生日の24時まで
くりっく365	追証発生日の翌営業日（祝日を除く）3時まで

出所：各社ホームページより編集部作成

※そのほか異なるルールが設定されているため、口座開設を考えている金融会社のホームページなどで確認が必要

スプレッドの狭いFX会社の口座を複数持つ

川崎ドルえもん

取引にかかるコストは徹底的に下げる

FXのトレードには、スプレッドなどの取引コストがかかる。ひとつの取引にかかるコストは小さくても、多くの取引をこなせばコストはかさむ。そのため、取引コストはできるだけ抑えておきたい。

FXでは、通貨ペアにつき買値（Ask）と売値（Bid）の2つのレートが表示されており、買値は売値よりも高く設定されている。この買値と売値の価格差をスプレッドという。スプレッドは、FXのトレードで最もかかる取引コストのひとつだ。

スプレッドの値幅は、FX会社によって異なる。同じ米ドル円の取引であっても、FX会社によって0.1銭～2銭と、差があるのだ。「せいぜい数銭の差」だと思う人もいるだろうが、FXはレバレッジを掛けている以上、スプレッドの狭さが利益につながる。例えば、0.2銭のスプレッドのFX会社で1万通貨のポジションを持つと、その時点で20円の取引コストがかかる。一方、

スプレッド2銭のFX会社で1万通貨を持つと、200円の取引コストを払うことになる。

FXにおけるトレードは、1回だけではない。スキャルピングトレードなど、短期間で何度もトレードを行うなら、1日で何十回とトレードを行う場合もあるだろう。そのため、わずか0.1銭のスプレッド差でも年間の取引回数を考えると大きなコストとなる。

このことから、少しでもスプレッドが狭いFX会社を選ぶべき、ということだ。特に最近はスプレッド競争が激化しており、米ドル円のスプレッドが0.2銭という最狭水準のFX会社も増えている。さらに、FX会社によっては1万通貨に限ってスプレッドが0銭ということもある。

また、相場が急変動をした際に、スプレッドが広がるFX会社もある（原則固定）。そのときのために、複数の口座を開設しておくこともおすすめだ。FXは口座を使わなくても維持手数料がかからない場合が多いため、ひとまず口座開設し、自分にあった口座を探すのも手だ。

スプレッドの計算

スプレッドが0.2銭の場合

| スプレッド0.2銭 | ✕ | 1万通貨 | ＝ | 2000銭（20円） |

100回の取引で2000円の取引コストがかかる

スプレッドが2銭の場合

| スプレッド2銭 | ✕ | 1万通貨 | ＝ | 2万銭（200円） |

100回の取引で**2万円**の取引コストがかかる

FX会社の主なスプレッド一覧

FX会社	スプレッド（銭）		
	米ドル円	ユーロ円	豪ドル円
GMOクリック証券	0.2	0.5	0.6
DMM FX	0.2	0.5	0.6
SBI FXトレード	0.18	0.48	0.58
マネーパートナーズ	0.3	0.4	0.5
マネックス証券	0.2〜1.2	0.5〜8.1	0.6〜10.1
FXプライム	0.1	0.8	0.9
外為オンライン	0.9	1.9	3.2

出所：各社ホームページ

※2023年1月末時点の情報
※SBI FXトレードは注文数量1〜100万の場合
※時期、キャンペーン、取引時間などによりスプレッドは変動する
※固定スプレッドは、スプレッドをつねに一定に保つもの。変動スプレッドはレートの変動によって広がったり縮まることがある

マイナススワップの少ない
FX会社の口座を選ぶ

川崎ドルえもん

ロールオーバーする度に
取引コストがかかる

口座開設する際には「マイナススワップ」に注目したい。

スワップポイントとは、金利が異なる通貨ペアの「金利差調整分」のこと。金利差によってスワップポイントが計算され、ロールオーバーすると、翌営業日にスワップポイントが付与されるしくみだ。

プラススワップは、ロールオーバーした翌営業日にスワップポイントを得ることができ、マイナススワップはスワップポイントを支払うことになる。つまり、マイナススワップはロールオーバーする度に取引コストがかかる場合もある。

スワップポイントは、FX会社によって異なる。特に逆ポジションを持ってキャピタルゲインを狙う人は要注意だ。口座開設する際には、テクニック153のスプレッドと一緒に、スワップポイントも確認しよう。

FX会社の主なスワップポイント

FX会社	米ドル円		ユーロ円	
	買いスワップ	売りスワップ	買いスワップ	売りスワップ
GMOクリック証券	168	−171	94	−97
DMM FX	163	−166	87	−90
外貨ex	163	−183	88	−108
みんなのFX	175	−175	105	−105
松井証券	157	−197	80	−100
FXプライム	158	−173	84	−99
外為オンライン	145	−190	65	−110

出所:各社ホームページ

※2023年1月末時点の情報
※時期、キャンペーン、取引時間などによりスプレッドは変動する

ロールオーバー ▶ ポジションを当日に決済せず、翌営業日に持ち越すこと。日本時間6〜7時の間に自動的に行われる

特典やキャンペーンを狙って口座開設するとお得になる

口座開設＋取引で最大30万円キャッシュバック

FX会社は常に新規顧客の獲得のためにさまざまなキャンペーンを実施している。特に、口座開設して一定数量以上の取引をすれば、キャッシュバックする企画は各社が随時開催しており、口座開設を考えるならキャッシュバックキャンペーンのタイミングにしたほうがお得。

例えば、GMOクリック証券はは

じめての口座開設から翌々月までに500万通貨以上の取引（新規約定）を行えば、口座開設から3カ月後にキャッシュバックがもらえる。キャッシュバックは取引量に応じて変動し、最低500万〜1000万通貨未満の取引で5000円、最大5億通貨以上の取引で30万円のキャッシュバックがもらえる。

両建て取引は資金効率が悪くなる

リスク大

損切りを避けるための両建て取引には注意

両建てとは、同じ通貨ペアの「買いポジション」と「売りポジション」を両方保有すること。

そもそも、FXは値動きの差額で利益を狙う取引。そのため、売り買いを同時にしていたら、どちらの利益も相殺されてしまう。

買いポジションを持ったが下がってしまったときに損切りができず、

新たに売りポジションを建てて両建てにしても、資金効率が悪くなるだけといえる。

テクニック022のような、細かいポジション調整をしつつ、利益を出していく積極的な両建てならともかく、損切りしたくないからという理由で両建てを維持することは避けたい。両建ては、方向性の判断ができていない証拠だともいえるのだ。

マージンコールがかかったら一部を決済する

証拠金維持率は一定の歯止めをかける

テクニック152では追証を解説したが、追証になる前にFX会社から警告が発せられることがある。これを、「マージンコール」という。

ポジションのマイナス幅（含み損）が拡大し、必要証拠金が不足しそうになると、FX会社からメールなどによってマージンコールが発せられるのだ。追証にならないためにも、マージンコールがかかったら、一部を決済し、証拠金維持率の低下に歯止めをかけるほうがよい。

ちなみに、海外のFX会社などでは、マージンコールが設定されていないことが多い。レバレッジを高く設定し、マージンコールの基準を上回る取引ができる代わりに、突然、強制決済（追証）されてしまうことがある。証拠金維持率には注意しておこう。

マージンコールのしくみ

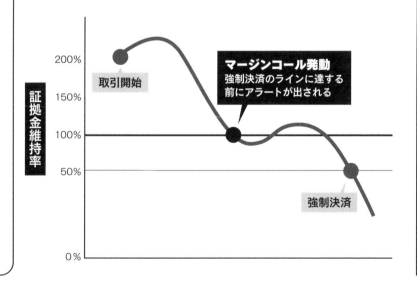

証拠金維持率

200%
取引開始

150%

マージンコール発動
強制決済のラインに達する前にアラートが出される

100%

50%
強制決済

0%

必要証拠金　　▶ ポジションを取るために最低限必要となる担保金

応用 technique 158 海外口座での大口取引は 最大55%課税される

⚠️ リスク大

利益が330万円以上になると 税率は30%以上になる

海外のFX会社の口座は、高いレバレッジが使えて魅力的に見える。しかし、大口取引においては、税金が高いというデメリットが大きい。

海外の口座だと投資で得た利益は雑所得の「総合課税」扱いになり累進課税として最大55%（所得税45%、住民税10%）課税される。

一方、国内FX業者の口座は雑所得の「申告分離課税」扱いとなり、一律20.315%の課税となる。レバレッジが高くても、取引額が大きければ税金の高い海外口座の魅力はない。

ちなみに、海外口座においては利益330万〜695万円で、税率は30%になる（所得税控除額を差し引いた後に課税）。一方、195万以下の利益であれば税率は5％となる。

応用 technique 159 海外口座への入金で 100%の証拠金をもらう

ボーナスは証拠金として 利用が可能

海外のFX会社のなかでも、XMTradingやFBS、iFOREXなどは口座に入金すれば、入金額と同等額のボーナスがもらえる（各社条件あり）。

例えば、XMTradingは入金額によって最大1万500ドル分の100%ボーナス（または20%ボーナス）の獲得が可能で、入金と同時に使えるようになる。ボーナスは出金はできないが証拠金として使うことができ、レバレッジを高めて取引する際に有効。

ただ、海外口座ではトラブルの際にサポートが充実していなかったり、税制が総合課税となるなど、国内口座とは異なる点が多々ある。

利用する場合は、当然利用規約や説明を十分注意して読むなど、慎重な姿勢が重要だ。

応用 technique 160

取引とチャート確認で FX会社を使い分ける

取引や確認のしやすさ重視で サービスを選ぼう

　FXのトレードに慣れてくると、「チャートの性能は気に入っているけど、スプレッドが低い」「キャンペーンだけほかの金融会社を利用したい」などと、金融会社に対して何かと不満を抱えている人もいるのではないだろうか。

　その場合、取引とチャート確認でFX会社を使い分けてみよう。例えば、チャート確認はMT4（テクニック084参照）が使えるOANDA JAPANにして、発注はキャンペーンが豊富なヒロセ通商にするという方法だ。

　MT4を使いたいという要望は多く、こうした声に応えるため、JFXなど、チャート確認用のMT4を提供するFX会社もある。

基本 lecture 161

外貨ex by GMOでは取引すると 特典がもらえる

キャンペーンは期間限定 見逃さぬうちにチェック

　外貨exでは、取引するとキャッシュバックがもらえるなどのキャンペーンが度々開催される。

　例えば、2023年４月28日までの「いつものお取引にキャッシュバック！キャンペーン」では、エントリーするだけで、対象通貨ペアの取引をするたびにキャッシュバックが受けられる。

　外貨exではこうしたキャンペーンが度々行われるが、キャンペーンの内容は毎度変更される。期間限定でもあるため、ホームページなどから早めにチェックしておきたい。

外貨exホームページのキャンペーンページ（https://www.gaikaex.com/campaign/）で、開催中のキャンペーンを確認できる

NDD　　▶ 「No Dealing Desk」の略。FX会社のディーラーを介在せず、直接インターバンク市場へ流して取引を行う方式のこと。海外のFX会社では広く採用されている

市場と直接取引するNDD方式で口座凍結を回避できる

応用
technique
162

為替レートが変動しやすく約定率が低くなりがち

小さな値幅を狙って取引を頻繁に繰り返すスキャルピングトレード。しかし、「過度の回転売買」や「短時間に注文を繰り返す行為」は、FX会社によっては取引定款に抵触する恐れがある。短時間で頻繁に取引をされると、インターバンク市場の混乱を招いたり、カバー（為替変動リスクの回避）が間に合わなかったりしてFX会社が損失を被ること

があるからだ。そのため、定款に抵触する取引は、口座凍結などをする会社もある。そこで注目されるのが、海外のFX会社で一般的に採用されている「NDD」という取引だ。NDD方式であれば、スキャルピングトレードも歓迎なうえ、基本は口座凍結もされない。

ただし、スプレッドが広がりやすいデメリットもあるため、よく検討しよう。

取引方式の違い

DD方式 個人投資家とFX会社が相対取引を行う

個人投資家 → 注文 → FX会社 → 注文 → インターバンク市場

NDD方式 直接インターバンク市場へ流して取引を行う

個人投資家 → 直接注文 → インターバンク市場

DD ▶ NDDに対し、個人投資家とFX会社が相対取引を行う方式のこと

193

基本 lecture 163

FXの権利売買で収益をあげる FXオプション取引

平野朋之

日経225オプション取引が 盛んに行われる

オプション取引とは、「ある金融商品」を定められた期日（満期日）に、定めた価格で売買できる権利のこと。国内では日経225オプション取引が活発に商いされている。

資産の対象がFXにあたるのがFXオプション取引で、「上」か「下」かを当てるようなバイナリーオプションとは異なり、日経225オプションと同じ部類のバニラオプションとなる。国内では、サクソバンク証券が唯一取り扱っている。

保有するFXのオプションに、オプションの売りを組み合わせ、ヘッジをしながら収益を狙うカバードコールや、プットを売ることでプレミアム収益を狙う方法を活用すれば、収益機会の多様化とリスク管理が可能になるだろう。

基本 lecture 164

FXオプション取引の 利益の出し方

平野朋之

「買い」で満期日まで ポジションを維持

FXオプション取引での「買い」は利益無限大、損失はその権利を買うためのプレミアムに限定される。通常のFXの場合、ロスカットを置きながらポジションを維持する際、途中でロスカットに引っかかってしまったらポジションを維持できないが、オプションの買いの場合は満期日までポジションを維持する事ができる。

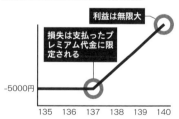

コール（通貨ペアを買う権利）オプションの買い

利益は無限大

損失は支払ったプレミアム代金に限定される

-5000円

135 136 137 138 139 140

ストライクプライス（権利行使価格）137円のコールオプションをプレミアム「0.5」で1万通貨買った場合

バニラオプション ▶ 基本的なオプション取引（コールオプション。プットオプション）の総称。条件をつけることでエキゾチックオプションになる

応用 technique 165

FXオプション取引の応用ワザ

平野朋之

カバードコールを活用してプレミアムを獲得する

オプション取引において、カバードコール戦略と呼ばれる手法がある。FXでカバードコール戦略とは、買いのポジションを保有しながら、コールオプション（決められた価格で商品を買う権利）の売りポジションをとる戦略のことだ。これにより、原資産の一定水準以上の値上がり益を放棄する代わりに、オプションのプレミアムを受け取れる。

具体的には、ドル円を118円で買い、権利行使価格119円のコールを売り、0.6円のプレミアムを受取るといった流れだ。

コールオプションの売りは、FX価格が権利行使価格を超えると損失が拡大していくが、ドル円の買いも保有しているので、コールオプションの損失がドル円の上昇でカバーされる。リスクを抑えつつ、オプションのプレミアム獲得を狙えるのだ。

カバードコール戦略の例

［米ドル円　4時間足　2022年3月10日〜24日］

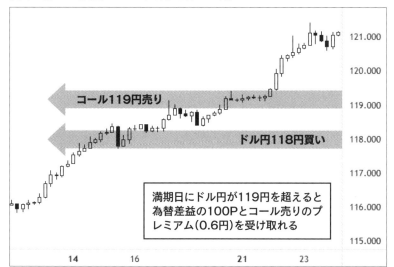

コール119円売り

ドル円118円買い

満期日にドル円が119円を超えると為替差益の100Pとコール売りのプレミアム（0.6円）を受け取れる

FXで得た利益には 20.315%が課税される

Dakar

FX取引にかかる税金は申告分離課税にあたる

個人でFXの取引を行うとき、得た利益には「所得税・住民税」がかかる。

個人が得る「所得」は、所得税法上10種類に分類されるが、FXの為替差益やスワップポイントは「雑所得」の「先物取引に係る雑所得等」に分類される。雑所得とは、年金などその他の所得税である9種類に該当しないもの全てを指す。

「先物取引に係る雑所得等」は、雑所得のなかでも、特例的に「申告分離課税」となる。他の所得とは分けて税額を計算し、確定申告を行う必要がある。そのときにかかる税率は、20.315%（所得税15%、住民税5%、復興特別所得税0.315%）だ。

該当すれば確定申告が不要になるケースもある

ただし、1年間の損益が損失である場合または利益が出ていても以下の場合、所得税の確定申告は原則不要となる。

会社員の人は、①給与の年間収入金額が2000万円以下であること、②1か所から給与の支払を受けていること、③給与所得及び退職所得以外の所得の金額の合計額が20万円以下であること、の全てを満たす必要がある。

専業主婦や扶養家族の人は、①FXによる所得の合計額が38万円以下であること、②①の所得とアルバイトなどの給与所得の合計が103万円以下であることをともに満たすことが条件だ。

ただし、他の所得によって確定申告する場合においては、上記条件を満たした場合でも、合わせて申告する必要があるので注意したい。また、確定申告が不要であっても、住民税の申告は必要な場合があるため、各自治体のウェブサイトを確認してみよう。

復興特別所得税 ▶ 2013年から2037年までの25年間、各年分の所得税の額に2.1%を乗じた金額（利益に対しては、0.315%）が追加的に復興特別所得税として課税される

FXの位置づけを確認する

所得税の分類表

所得税	主な内容
事業所得	自営業から生じる所得
不動産所得	土地や建物など貸付けから生じる所得
利子所得	公社債や預貯金の利子などの所得
配当所得	株式配当などの所得
給与所得	給料などの所得
雑所得	FXや公的年金、講演料などの所得
譲渡所得	株式や土地を売ったときの所得
一時所得	保険の返戻金などの所得
山林所得	山林を売ったときの所得
退職所得	退職金などの所得

為替差益やスワップポイントは雑所得の「先物取引に係る雑所得等」に含まれる

総合課税と申告分離課税

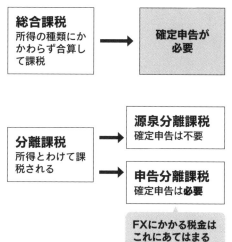

総合課税
所得の種類にかかわらず合算して課税

→ **確定申告が必要**

分離課税
所得とわけて課税される

→ **源泉分離課税**
確定申告は不要

→ **申告分離課税**
確定申告は**必要**

FXにかかる税金はこれにあてはまる

確定申告が不要になる場合

会社員

①給与の年間収入金額が2000万円以下

②1か所から給与の支払を受けている

③給与所得及び退職所得以外の所得の金額の合計額が20万円以下

▼

①～③の全てを満たしているか確認！

専業主婦や扶養家族

①FXによる所得の合計額が38万円以下

②①の所得とアルバイト等の給与所得の合計が103万円以下

▼

①②の両方を満たしているか確認！

会社員でも
確定申告が必要になったら

Dakar

e-Taxでの作成・送信がおすすめ

　会社員であっても、FXをすれば一定の条件のもと（テクニック166参照）確定申告が必要になる。

　確定申告とは、1年間の所得額（売上から経費を差し引いた金額）とそれに対する所得税額を計算し、税務署に報告する手続きのことである。1年間とは、1月1日から12月31日を指しており、基本的には所得を得た翌年の2月中旬から3月中旬までに確定申告の手続きをする必要がある。

　税務署が配布する「確定申告書」に記入して、税務署へ提出する方法のほか、スマホやパソコンで国税庁の確定申告書等作成コーナーにアクセス、必要事項を入力してプリンタでの出力、提出も対応している。さらにマイナンバーを取得して前もって手続きを行えば、そのままe-Taxで送信することも可能なので、継続的に行うならe-Taxで行うのがよい。税理士に委託することもできるので、自分に合った方法で申告しよう。

為替差益とスワップポイントの利益を確認する

　国内FX会社で取引をした場合の確定申告は、基本的に雑所得扱いになる。テクニック166で触れたとおり、一律20.315%（所得税15%＋復興特別所得税0.315%＋住民税5%）だ。「申告分離課税」にあたるため、給料などといった他の所得とは別に税額を計算して納税する。

　FXでは基本的に、「為替差益」と「スワップポイント」による利益が確定申告の対象になる。為替差益は、為替レートが変動したことによって生じた利益を指し、スワップポイントとは、取引を行っている通貨間の金利差のことをいう。

　FXの売上から必要経費を差し引いた金額が、確定申告のための所得額になる。FX会社から年間取引報告書がダウンロード、もしくは紙面で送付されるのでそれをみて記入ないし、入力して手続きをしていこう。

FXの確定申告に必要な書類

確定申告に使う書類

- 申告書B（第一表、第二表）
- 申告書第三表
- 先物取引に係る雑所得等の金額の計算明細表
- 所得税の確定申告書付表

損失が発生して、繰越控除を利用する場合

申告書の提出に必要な書類

- 年間取引報告書
- 給与所得の源泉徴収票

年間取引報告書は取引をしているFX会社のホームページからダウンロードできる※

※FX会社にもよるが毎年1月頃には入手できるようになる。

確定申告の提出方法

提出方法① e-Taxを利用して提出する

国税庁の国税電子申告・納税システムホームページ。
（https://www.e-tax.nta.go.jp/kojin.html）

パソコンやタブレットでも申請できる。申告書の作成・送信方法が分からなければ「国税庁動画チャンネル※」で確認しよう

※https://www.youtube.com/user/ntachannel

提出方法②
税務署へ持参し提出する
記載内容や資料の不備を指摘してもらえる。はじめて確定申告をする人によいが、時期的に混む

提出方法③
必要書類一式を郵送する
書類に不備や不足があると返送される点に注意。慣れている人におすすめ

提出方法④
税理士に委託する
節税対策や税金問題を賢く解決できる（テクニック169参照）

e-Taxのメリット

- 送料や交通費がかからない
- 青色申告控除額が最大65万円になる
- 申告書の控えがすぐに入手でき、何度でもダウンロードできる

430万円以上稼げるなら国内FX会社を選択する

Dakar

相場動向や自身の資金規模を確認する

テクニック158で解説したように、FXの税金は、海外FXと国内FXの両方とも雑所得で利益を計上する。ただし、同じ雑所得であっても、国内FXの場合は税率が20.315%で一定だが、海外FXの税率は5～45%の累進課税となる点に注意が必要だ。

では、どちらを利用するかの判断の分かれ目はどこにあるのか？　ひとつの目安は、430万円だ。トレードで稼いだ額が430万円を超えると、国内FXでかかる税金のほうが安いケースが多い。相場動向や自身の資金規模を加味したうえで、430万円以上稼げるかによってFX会社を選択しよう。

ちなみに、海外FX会社の場合は米ドルで年間の利益が表示されるが、FXをしているならばドル円相場は逐一把握できるので、この点の計算は手間ではないはずだ。

海外FXにかかる税金

所得額	所得税率	住民税	控除額
195万円以下	5%	10%	0円
195万円以上330万円以下	10%	10%	9万7500円
330万円以上695万円以下	**20%**	**10%**	**42万7500円**
695万円以上900万円以下	23%	10%	63万6000円
900万円以上1800万円以下	33%	10%	153万6000円
1800万円以上4000万円以下	40%	10%	279万6000円
4000万円以上	45%	10%	479万6000円

※平成25年から令和19年まで、所得税と復興特別所得税（原則としてその年分の基準所得税額の2.1%）を併せて申告、納付する

海外FXは5～45%の累進課税制度となる　➡　利益が多いほど税率が上がり、納める税金も増えてしまう

応用 technique 169 確定申告を税理士に依頼したいときの費用の目安

Dakar

用途に合った税理士を探してみる

確定申告を税理士に依頼する場合の費用は、売上によって変わってくる。税理士の費用は、だいたい以下のとおりだ。売上が500万円未満なら10万円、500万円から1000万円なら15万円、1000万円以上なら20万円がひとつの目安となる。

確定申告の際は、利益から必要経費で圧縮することも可能。ただし、売上自体はそのままの数字を申告するため、特に財テクを駆使することはない。確定申告の経費を計上できるように、期日に余裕をもって準備したい。

税理士を探す際に参考にしてほしいサイトは、ZEIRISEE、税理士ドットコム、日本税理士会連合会の3つだ。例えば、ZEIRISEEなら近くの税理士を探すことができる。自分の用途に合わせて、これらのサイトで税理士を探してみよう。

税理士にかかる費用とサイトの例

売上に対する料金の目安

売上	税理士料金の目安
500万円未満	10万円
500万円以上1000万円未満	15万円
1000万円以上	20万円

税理士に依頼するメリット

●**期限通りに申告できる**
確定申告の期限までに手早く申告することができる

●**確定申告にかかる手間を省ける**
提出書類を作成するための時間をなくし本業に専念することができる

※1 https://www.zeiri4.com/
※2 https://www.nichizeiren.or.jp/

おすすめのサイト

●**ZEIRISEE**

ZEIRISEE
menu
条件を絞り込んで税理士を探す
あなたの地域で
あなたにピッタリの
税理士を見つける。
税理士検索サイト

近くの税理士を探したい人におすすめ
(https://zeirisee.so-labo.co.jp/)

●**税理士ドットコム**※
個々の税理士の口コミが掲載されている。評判が気になる人におすすめ

●**日本税理士会連合会**※
日本税理士会連合会に登録されている税理士及び税理士法人の情報が閲覧できる。正攻法で探す場合におすすめ

確定申告で必要経費を計上して節税対策をする

Dakar

お金を払っているものかは判断基準のひとつ

FXで得た利益から必要経費を差し引き、確定申告を行うことができる。必要経費を差し引くことで、節税対策になり得をすることもあるので、よく整理して申告しよう。

必要経費として計上可能なものは以下の16項目だ。これらは私のトレード仲間たちの間でも共通認識となっているので、ぜひ参考にしていただきたい。

ポイントは、「FX取引をするにあたり、お金を払っているもの」かどうかだ。経費として認められるには、支出を伴う必要がある。

長年トレードをしていれば、目につく数字でなくとも定期的に税務調査は入る。その際にきちんと説明ができるようにしておくことが大事だ。領収書は紛失することがないように、必ず保管しておこう。

経費を計上できる16項目

種類	内容
費用取引手数料	銀行振込にかかる振込手数料やトレードの際に発生する手数料など
取引ソフトの購入代金	市場の売買ツールや相場分析のソフトなど
PCやスマホ・タブレットの本体代、月額料金	パソコンなどの購入費や月額料金など
キーボード、マウス等の周辺機器	USBや充電器、マウスパッドにかかった費用など
ネット通信費	インターネット回線やWi-Fiにかかった費用など
交際費	情報収集のためにカフェを利用した費用など
会議費	コワーキングスペースを利用した費用など
書籍や新聞・電子書籍	FXに必要な情報収集にかかった費用など
セミナー参加費・交通費・宿泊費	セミナーに参加するためにかかった費用など
事務用品費	コピー用紙やプリンターのインク代など
机や椅子、照明、棚等の備品	モニターを設置するための机など
家賃	FX専用で使う事務所の家賃など
光熱費	パソコンを使うための電気代など
持ち家	固定資産税、都市計画税など
税理士への相談料・確定申告書の作成料	税理士相談にかかった費用など
借金の利息	借金をして証拠金に充てた際の利息など

応用 technique
171

繰越控除をしておけば 過去の損失が控除できる

損失があった年も まめに確定申告する

FXで損をしたら、確定申告をしない選択をとる人がいるが、実は損をしているかもしれない。

国内でのFX収益が損失だったとしても確定申告で損失の繰越控除しておけば、その先3年間の収益と相殺することができるのだ。

FX1年目が損失であったとしても、2年目の利益が1年目の損失分を埋めきれなければ、2年目も控除される。これを知らないと、2年目の儲けた分が課税されてしまう。

損失があったとしても確定申告して、次の年に取り返せるようにFXを続けるのがよい。

繰越控除の例

損失があった場合の確定申告の手続きの流れ

①FX会社から年間損益報告書を入手

②本人確認書類、源泉徴収票、確定申告書などを入手

③損益通算やFX取引の損益をまとめる

④FXの必要経費(テクニック170参照)をまとめ、FX取引の所得を計算、確定申告書を作成

⑤税務署に確定申告書を提出する

インターネット経由で提出する「e-Tax」を利用するには事前に手続きが必要。早めに済ませておこう(テクニック167参照)

前年の損失額で利益を相殺する

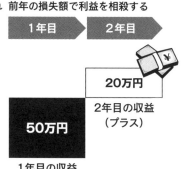

1年目 → 2年目

20万円
2年目の収益
(プラス)

50万円
1年目の収益
(マイナス)

↓

2年目の利益に対し
控除される。
申告すれば過去3年分まで
さかのぼって繰越控除できる!

応用 technique 172

FXと損益通算ができる商品がある

商品先物や日経225先物ははFXと損益通算ができる

国内でのFXの年間の収支は雑所得（申告分離課税）で申告する。

商品先物、日経225先物、CFD、オプション、上場カバードワラントなどは、FXの損益と合わせて損益通算が可能だ。ただし、損益通算できない商品もあるので、注意してほしい。

損失は最大3年の繰り越しが可能（テクニック171参照）。FXで利益が出ており、そのほかの商品で損失が出ている場合には、もしくはその反対（そのほかの商品で利益が出ており、FXで損失が出ている）の場合、どちらにも適用することができるため、上手に利用すれば税金を安く抑えることが可能になるのだ。

そのため、制度を正確に理解したうえで運用したい。

損益通算の概要

損益通算とは
取引で損失が発生したとき、他の商品に関連する雑所得で得られた利益で相殺できる

最大3年間の繰り越しができる！

損益通算で損失の繰越控除を行うことで税金を安くすることができる

FXと損益通算できる金融商品

- ● 商品先物
- ● 日経225先物
- ● CFD
- ● バイナリーオプション
- ● 上場カバードワラント

株式取引、投資信託、ETF、J-REITとは損益通算できないので注意

テクニック171も合わせて確認しておこう

CFD　　　▶ 差金決済取引（Contract for Difference）の略で、取引開始時点から取引終了時点に
　　　　　▶ 発生した差額分を決済する取引のこと。FXもCFDに入る

アノマリー

アノマリーは、相場における経験則のこと。
先人たちが発見してきた経験則を活かして、
一枚上手なトレードを行うためのテクニックを解説。

ダウ平均の5月の下げは
為替相場にも影響する

■ 米国株は5月に売って
■ 秋口に買う

「セルインメイ」という、英国に伝わる相場の格言がある。これは「5月は株を売り、セント・レジャーズ・デーまでに（相場に）戻ってこい」という意味を表す。セント・レジャーズ・デーとは、英国で9月第2土曜日に行われる、世界最古の競馬のことだ。

5月から夏場にかけては相場が下がりやすく、9月から10月にかけて相場が戻りやすい傾向にあることから、上の格言が生まれた。

ここで実際にダウ平均のパフォーマンスを見てみよう。右上図は、1993年〜2022年における月別ダウ平均のパフォーマンスを表したものだ。5月から6月にかけて大きく下げ、9月が最も悪い−0.82%、10月以降に上がっていることがわかる。

なぜ5月から夏場にかけて下がりやすいのか、明確な理由はないが、パフォーマンスの上がる10月に買った信用取引の期日が5月周辺に集中し、換金売りを招いているという説が有力。こうした実績は、多くの投資家の共通認識としてあるのだ。

■ 先行指標の豪ドル円で
■ 取引するのがベター

では、このダウ平均が為替にどのような影響を与えているのか。

広くいわれているのは、米国株が上下すると、豪ドル円がヘッジとして売買されるということ。つまり、米国株と豪ドル円には一定の相関性が高まる傾向にあるのだ。

セルインメイはもちろん、9月の下落機会も豪ドル円は影響される可能性が高い。

また、月別パフォーマンスは、9月が悪い傾向にあるが、これは株の換金売りが主な原因だ。換金された米ドルは他国通貨に交換されることになり、米ドル安に直結している。

この傾向に絞って、豪ドル円や米ドル円などに注目するのもよいだろう。

ダウ平均のパフォーマンス

1993年～2022年における月別ダウ平均株価のパフォーマンス

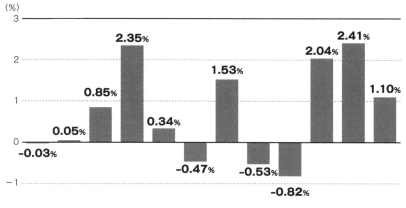

出所:みずほ証券「テクニカル面から見た株式＆為替のポイント（2023-01）」

豪ドル円とダウ平均の動向

［豪ドル円　日足　2022年1月～2023年2月］

基本
lecture
174

ヘッジファンドの45日ルールで売られやすい時期が推測できる

■ヘッジファンドの換金で相場が動くことがある

　ヘッジファンドは解約できるタイミングが限定されており、基本的に決算日の45日前までにファンドに通知しなければならない。

　主に機関投資家や富裕層が出資するヘッジファンドは、1人が解約するだけでも大きな資産配分の変更を出す可能性が高い。また、出資者に資産を返却することから、「45日ルール」があるのだ。

　通常であれば、例えば決算日が9月末なら8月15日までに申し出なければならない。そのため、8月中旬から為替や株をはじめとする金融商品が換金の売りに出されるのだ。

　こうした売りは大きく利益が乗った通貨や銘柄を筆頭に市場全般に広がることになり、お盆に米ドル円が下げるなどの季節的な動きは、この換金売りに起因している可能性が極めて高い。

決算日と45日ルール

決算日	解約通知期限（45日ルール）
3月末	2月15日まで
6月末	5月15日まで
9月末	8月15日まで
12月末	11月15日まで

売りが出やすくなる時期

ヘッジファンド　　▶ 機関投資家や富裕層が出資した資金を運用する投資ファンドのこと

基本 lecture 175

月末ロンドンフィキシングに株式のリバランスで為替が動く

その月に株が値上げした国の通貨は買い

世界の機関投資家が指標にしているロンドンフィキシング（ロンドン時間16時、日本時間の夏時間は24時、冬時間は25時）では、月末になると株式の大口取引が飛び交うことがよくある。

この大口取引ではどのような取引がなされるか、世界各国の株式市場の1カ月のパフォーマンスからおおむね想像できる。

仮に当該月に米国株が大幅に値上げ、欧州株が大幅に値下げだったとすると、米国株が買われ欧州株が売られたことになる。つまり、米ドル資産が増え、ユーロ資産が減るので、為替でバランスを取ることになり、ユーロ米ドルでは買いにつながるのだ。

月末のユーロ米ドルの動向

[ユーロ米ドル　15分足　2022年11月30日～12月1日]

ナスダックが上がった翌日は
米ドル円買い

グロース株が
構成比率の上位を占めている

かつて日本ではダウ平均と日経平均株価が連動するといわれており、ダウ平均が上昇すると、翌日の日経平均も上昇する傾向にあり、米ドル高となることが多かった。

しかし、近年の日経平均は、ナスダックに連動するようになっている。これは、日経平均に採用されている銘柄のうち、構成比率（日経平均の値を動かす影響力の割合）の高い銘柄の多くがグロース株と、ナスダックに似た構成となっているからだ。例えば、ファーストリテイリング（9983）や東京エレクトロン（8035）などが該当する。

銀行株や自動車株が上位を占めている時代はダウ平均との連動が高かったが、それは過去の話。

ダウ平均ではなく、ナスダックが上がったら米ドル円買いを考えよう。

日経平均株価とナスダックの動向

[日経平均株価　日足　2022年1月～2023年1月]

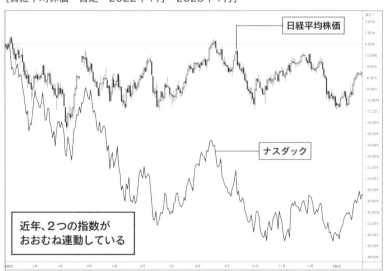

日経平均株価

ナスダック

近年、2つの指数が
おおむね連動している

月曜日の東京市場は方向感が出にくい

週初の欧米時間を狙ってトレードするとよい

週末の休みを挟んで最初に開く市場は、オーストラリアのシドニー市場とニュージーランドのウェリントン市場だ。しかし、取引量がほとんどないため、実質的には次に開く東京市場が週明け初の為替相場といってもよいだろう。

しかし、それでも為替相場のメインプレイヤーである欧米勢が参入していないため、方向感が出にくい。

「月曜日の東京時間は動きにくい」「月曜日の東京時間はやらないほうがよい」といわれるのはこのためで、週初の欧米時間から為替相場が始まると考える投資家も多い。

動きが活発になる時間を狙ってトレードすることも手だろう。

各国の市場取引時間

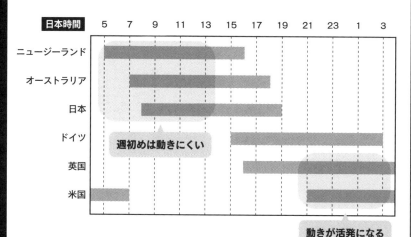

ロンパチにクロス円が急騰することがある

投資信託の買いが要因で上がるケースがほとんど

ロンドン市場が開くロンドン時間8時（日本時間の夏時間で16時、冬時間で17時）の値決めには、クロス円が急騰することがある。いわゆる「ロンパチ」といわれる。

これは、投資信託などの売買が絡むことがあるためだ。この時間に投資信託の解約が原因となる売りはほぼなく、買いのケースがほとんど。そのため、急騰はあっても急落はあまり発生しないのだ。

テクニック175では、月末のロンドン時間16時のロンドンフィキシングについて説明したが、こうしたロンドン市場の始めにも値動きが活発になるということも覚えておきたい。

ロンパチのユーロ円の動向

[ユーロ円　1分足　2023年1月31日]

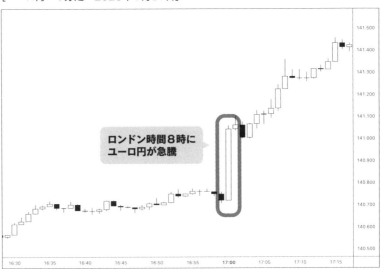

ロンドン時間8時にユーロ円が急騰

GWやお盆などの連休中に
米ドル買いが発生する

10時前後の値動きに
注目しよう

ゴールデンウイーク（GW）やお盆といった連休中日の仲値には、比較的大きな米ドル買いが発生することが多い。

こうした連休には、国内から海外旅行に行く旅行者が多い。さらにGWでは数日分の米ドルの決済を1日で済ませるケースが存在する。過去を振り返ってもGWの仲値に向け

てドル高が進みやすくなる場合が多い。知っていると知らないとでは段違いなのでぜひ頭に入れておこう。

日本の祝祭日は
相場が大きく動きやすい

実需が下がって
流動性が低下する

日本の祝祭日には相場の変動が大きくなる。これには2つの理由が考えられる。

ひとつめは、為替取引をする日本の実需までもが休みに入り、流動性が低下していること。

もうひとつは、市場が薄くなった（流動性が下がった）ときを狙って大口取引を投入し仕掛ける投資家が

いることだ。

ベアマーケット（弱気な相場）では米ドル円が急落することもあるので、日本の祝祭日の値動きには注意しておきたい。

仲値　　　　▶ 金融会社が為替取引で使用するレートの基準。毎朝9時55分のレートを参考に決められ、10時に公示される

日本時間の1時以降は
相場の反転が起こりやすい

基本
lecture
181

日本時間23時〜翌2時までが
ゴールデンタイム

　NY時間の午後（日本時間1時〜翌6時）になると相場が反転しやすい。

　FXのメイントレーダーは欧米諸国の人たちであり、市場に参加している時間帯だ。さらには世界のヘッジファンドの大半が欧米に拠点を置くため、取引額も大きくなる。

　そして、日本時間の21時〜翌2時は、世界の為替取引の4割が集中する最も流動性の高いロンドン市場と、その次に流動性の高いニューヨーク市場が開いている時間帯だ。この2つの市場が重なっていることで、値動きが活発になる。

　ここでは投機が最大限に活発化するが、投機はいずれ反対売買を伴って解消される。為替取引を翌日に持ち越さないデイトレードに徹する投資家も多い。こうしたポジションの決済による巻き戻しがニューヨーク時間の後場に特に起こりやすい。

ロンドン市場とニューヨーク市場の重なり

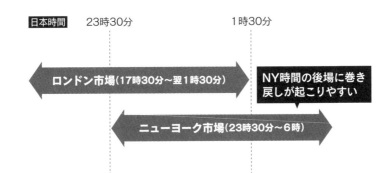

日本時間　　23時30分　　　　　　　1時30分

ロンドン市場（17時30分〜翌1時30分）

NY時間の後場に巻き戻しが起こりやすい

ニューヨーク市場（23時30分〜6時）

東京時間の相場の流れが欧州時間序盤で逆行する

市場が変わると流れも変わる

　東京市場が終わり、ロンドン市場に入る日本時間16時30分前後は、今までの相場の流れから一変する場合が多い。

　この理由にはアジアを拠点としている顧客と欧州の顧客では需給の動向が全く異なる点が挙げられる。

　例えば春先に、大口の投資家が一日中M＆Aのディール（交渉から契約までの流れ）のために米ドル買

い、円売りを行っていたとする。これがロンドン時間になると唐突に止まるケースが多い。これでアジア時間に堅調推移であった米ドル円は、下落に転じるというわけだ。

　東京、ロンドン、ニューヨーク、それぞれ独自の資金フローが飛び交っていることから、市場が変わると、時間ごとにまったく違う流れに変わることがある点に注意しておこう。

東京時間が終わったあとの相場

[ユーロ円　5分足　2023年1月25日]

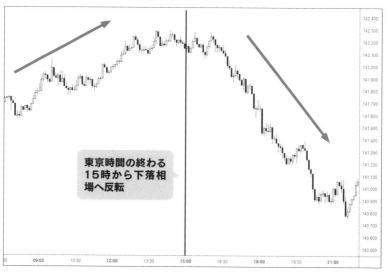

東京時間の終わる15時から下落相場へ反転

欧米の祝日・イベント時には
反対の動きをするときがある

国の重要な行事後は
相場が大きく動きやすい

　欧米の「サンクスギビング（感謝祭）」や「イースター（復活祭）」は、日本でいう「お正月」や「お盆」のように、重要な行事とされている。そのため、多くの投資家たちが休暇のためにポジションを閉じる傾向にあるため、それまでと反対の動きをするようになる。

　この時期に気をつけなければならないのが、ヘッジファンドによる仕掛けだ。日本のGWやお盆に市場参加者が少なくなった相場に仕掛けるヘッジファンドがいるのだ。これにより、相場が大きく動く。

　この現象は、サンクスギビングやイースター前後にも起こりやすい。そのため、欧米の行事前後にはポジションを一旦閉じて、大きく動いた後でエントリーするのが最善だ。損失を被るどころか、大きな利益を獲得できるチャンスとなるだろう。

サンクスギビング前後の米ドル円の動向

[米ドル円　1時間足　2022年11月〜12月]

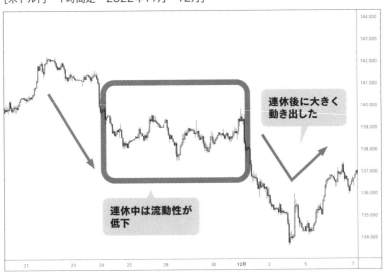

連休後に大きく
動き出した

連休中は流動性が
低下

応用 technique 184
曜日ごと、月ごとに勝ちやすいアノマリーがある

Dakar

月曜日は窓埋め狙いに絶好のタイミング

アノマリーは絶対とはいえないが、曜日や月によって「勝ちやすい」ものがあるため、覚えておきたい。

①月曜日

前週にトレンドが発生している場合はそれを引き継ぐことが多い。また、週明けの窓埋めは絶好のトレードチャンスだ。大いに利用しよう。

②水曜日

週の真ん中となる水曜日は流れが変わることが多い。ただし、その流れは一時的な調整なのか、完全な転換なのかを見極めて取引しよう。

③金曜日

金曜日は、週末の手仕舞いの動きがトレードチャンスとなる。翌日が休みの人は、コーヒー片手に土曜日の早朝まで張り付いておきたい。

月ごとの勝ちやすいアノマリー

月	アノマリー
3月	年度末の時期であることから、日本企業の**リパトリエーションが起こる**。基本的に3月決算の日本企業が海外に出ていた資金を一旦国内に戻す円買いの動き。例えば、**米ドル円チャートを下落させる**材料となる
5月	・有名な格言「セルインメイ」が起こる（テクニック169で解説） ・決算のために一旦手仕舞いする海外ファンドが多く見られる。おおむね**ドルストレート通貨の反対売買が活発になる**
6月	実需の買いが入りやすく、相対的に取引量の差から**米ドルが上昇する**傾向がある。一因として、6月は欧米の特徴的な休日がないことが挙げられる。ロングバケーション前の利益確定の動きなどがないことで、初旬にトレンドが発生しているならば**トレンドがそのまま継続する**傾向がある
10月	2008年のリーマンショックのように、過去を見ても10月は歴史的な大暴落が集中している。予期せぬボラティリティに気をつけたい
12月	**荒れ相場になりやすい。**値幅は大きくなるにもかかわらず値動きの方向性には特徴がない。米ドル円チャートは欧米企業の決算期があるため、**円安に振れやすい**という傾向がある

応用
technique
185

「ジブリの法則」は
あてにしない方がよい

Dakar

⚠️ リスク大

ジブリ以外に
相場が動く材料がある

「ジブリの法則」は有名だが、あてにしないほうがよいだろう。ジブリの法則は、「金曜ロードショーでスタジオジブリのアニメの放送日は相場が動く」というもの。気にしなくてよい理由は2つある。

1つめは、法則が機能したといわれる日は、その半数以上が米国の雇用統計が発表される日と重なっているということ。テクニック101のよ

うに、米国の雇用統計は市場で最も注目されている材料のひとつであり、相場の動きはこれによるものと考えるのが自然だろう。

2つめは、雇用統計以外の日でも、大体はほかに材料が存在しているからだ。例えば、2022年8月26日はFRBの議長の発言により米ドル円が大きく下落した。この際、たまたまジブリ映画が放送されており、一部で法則が機能したといわれただけだ。

ジブリ映画放送日の米ドル円の動向

[米ドル円　30分足　2022年8月26日〜29日]

映画放送中に大きく
下げた後、大きく反発

応用
technique
186

アメリカ中間選挙の翌年は
米ドル円が下落しやすい

川崎ドルえもん

4年周期のアノマリーに気をつけよう

2023年は「アメリカ中間選挙」の翌年にあたる。アメリカ中間選挙とは、アメリカ連邦議員のうち、任期6年の上院議員の3分の1（35議席）と、任期2年の下院議員の全435議席を争う選挙のこと。4年に一度、大統領任期の中間年に行われている。

この選挙では、大統領の任期終了までの議員が決定するため、中間選挙までに決まらなかった大きな政策を決めることとなり、バイデン大統領の今後の施政にも影響を及ぼすだろう。そして、この中間選挙は市場にも大きく影響を与える。

ここで、過去の中間選挙翌年の米ドル円の年足を見てみると（下図参照）、過去10年のうち8回が陰線になっていることがわかった。このアノマリーから、2023年はドル円が下落しやすい年になるといえるだろう。

アメリカ中間選挙翌年の米ドル円の変動幅

年	始値	終値	変動幅	
1983年	232	231.7	**−0.3**	
1987年	158.05	121.1	**−36.95**	ブラックマンデーも相まって急激なドル売りに
1991年	135.13	124.84	**−10.29**	
1995年	99.69	103.41	3.72	
1999年	113.25	102.15	**−11.1**	
2003年	118.71	107.11	**−11.6**	アジアやカナダを中心に拡大したSARSによる経済リスクから円買い相場に
2007年	118.97	111.736	**−7.234**	
2011年	81.121	76.865	**−4.256**	
2015年	119.892	120.191	0.299	
2019年	109.684	108.623	**−1.061**	

出所：筆者作成

ブラックマンデー ▶ 1987年10月に起こった世界的な株価の大暴落。ダウ平均は1日で22.6%下落するなど各市場に影響をあたえ経済的な混乱がおきた

応用
technique
187

為替の値動きだけでなく
経済指標にも季節性がある

川崎ドルえもん

■ 特に米国の指標に
■ 注目してみよう

　ほぼ毎日なにかしらの発表がされている経済指標は、多くの個人投資家が注目しているものであり、為替が動く一番の要因になっている。

　経済指標は「予想値とどれほどの差があるか」ということが基本的な見方のひとつとされ、そのかい離によって相場変動が起こるが、実はこの経済指標にも季節的なアノマリーが存在する。

　経済指標は特定の月によい結果、悪い結果になりやすいことが統計的にわかっている。

　例えば、毎月第一金曜日に発表される米国雇用統計の「非農業部門雇用者数」は、近年で最も注目される指標のひとつだ。8・9月分（9・10月発表）の結果が、過去16回中13回も予想より悪かった。

　さらに、「米国GDP速報値」では、1～3月期分（4月発表）の結果が、過去15回中12回、予想を下回っている。

　そのほかにも、スーパーやサービス業の売上高を毎月推計して翌月に発表している「米国小売売上高」は、12月分（1月発表）の結果が、過去16回中11回、予想より悪くなっている。これはおそらく年末年始の反動で買い控えが置き、売り上げが落ち込むからだろう。

　このように、通貨だけでなく、経済指標も季節によってよい結果も悪い結果もあるのだ。すべてを予測することは不可能だが、こうした情報を頭に入れておけば、「この季節性は、過去この方向に動きやすかったからポジションは持たないでおこう」「予想どおりに動いたから、その方向についていこう」などと、結果発表後の心構えとして活用したい。

季節性のある米国の指標

米国雇用統計(非農業部門雇用者数)

発表月 年	8月			9月		
	予想	結果	差	予想	結果	差
2007年	100	− 4	**−104**	100	110	10
2008年	−75	−84	**− 9**	−105	−159	**−54**
2009年	−230	−216	14	−175	−263	**−88**
2010年	−105	−54	51	− 5	−95	**−90**
2011年	68	0	**−68**	55	103	48
2012年	130	96	**−34**	115	114	**− 1**
2013年	180	169	**−11**	180	148	**−32**
2014年	230	142	**−88**	215	248	33
2015年	217	173	**−44**	201	142	**−59**
2016年	180	151	**−29**	172	156	**−16**
2017年	180	156	**−24**	80	−33	**−113**
2018年	190	201	11	185	134	**−51**
2019年	160	130	**−30**	145	136	**− 9**
2020年	1350	1371	21	875	661	**−214**
2021年	733	235	**−498**	500	194	**−306**
2022年	300	315	15	264	263	**− 1**

出所:川崎ドルえもん作成

GDP(米国)

発表月 年	4月		
	予想	結果	差
2007年	1.8	1.3	**−0.5**
2008年	0.5	0.6	0.1
2009年	−4.7	−6.1	**−1.4**
2010年	3.3	3.2	**−0.1**
2011年	2	1.8	**−0.2**
2012年	2.5	2.2	**−0.3**
2013年	1.2	0.1	**−1.1**
2014年	−	−	−
2015年	1	0.2	**−0.8**
2016年	0.7	0.5	**−0.2**
2017年	1	0.7	**−0.3**
2018年	2	2.3	0.3
2019年	2.3	3.2	0.9
2020年	− 4	−4.8	**−0.8**
2021年	5.7	6.4	**−0.3**
2022年	1	−1.4	**−2.4**

出所:川崎ドルえもん作成

米国小売売上高

発表月 年	11月			12月		
	予想	結果	差	予想	結果	差
2006年	−	−	−	0.7	0.9	0.2
2007年	0.6	1.2	0.6	0	−0.4	**−0.4**
2008年	− 2	−1.8	0.2	−1.2	−2.7	**−1.5**
2009年	0.6	1.3	0.7	0.5	−0.3	**−0.8**
2010年	0.6	0.8	0.2	0.8	0.6	**−0.2**
2011年	0.6	0.2	**−0.4**	0.3	0.1	**−0.2**
2012年	0.5	0.3	**−0.2**	0.2	0.5	0.3
2013年	0.6	0.7	0.1	0.1	0.2	0.1
2014年	0.4	0.7	0.3	−0.1	−0.9	**−0.8**
2015年	0.3	0.2	**−0.1**	−0.1	−0.1	0
2016年	0.3	0.1	**−0.2**	0.7	0.6	**−0.1**
2017年	0.3	0.8	0.5	0.5	0.4	**−0.1**
2018年	0.1	0.2	0.1	0.1	−1.2	**−1.3**
2019年	0.5	0.2	**−0.3**	0.3	0.3	0
2020年	−0.3	−1.1	**−0.8**	0	−0.7	**−0.7**
2021年	0.8	0.3	**−0.5**	−0.1	−1.9	**−1.8**
2022年	−0.1	−0.6	**−0.5**	−	−	−

出所:川崎ドルえもん作成

応用
technique
188

為替の月別アノマリーで
相場を予測する

川崎ドルえもん

5や10の付く「ゴトー日」は
ドルが買われやすい

FX界で最も有名なアノマリーのひとつに「ゴトー日」がある。ゴトー日とは、輸出入の決済などによって米ドルの需要が高まる「5」や「10」のつく日の東京仲値（9時55分）のことで、この時間にかけてドルが買われやすいというもの。

右図は主な通貨ペアの月足を月別に数えたデータだ。どの月にどの通貨ペアが上昇しやすかったのか、陰線がつきやすかったのかが視覚的にわかるようになっている。右の表の太字は、陰線・陽線が多く付いたものを示している。

4月はポンド
12月はNZドルが買われやすい

よく見てみると、4月はポンドが買われやすい。ポンド円とポンド米ドルでは、20年のうちに陽線が16回、ポンドスイスフランでは15回と多い。その確率は75～80％となる。

さらに8月は全体的に通貨が売られやすい。豪ドル米ドルとポンド

カナダドルは20年のうちに陰線が16回、NZドルカナダドルが15回、ポンド円、豪ドル円、ポンドスイスフラン、ポンド米ドル、南アフリカランド円では陰線が14回と多くなっている。これは8月の「夏枯れ相場」と呼ばれ、バケーションシーズンやお盆休みで相場参加者が少なくなるために相場が下がりやすいといわれている。

そして12月はNZドルが買われやすい。NZドル円とNZドルカナダドルは20年のうちに16回、NZドル米ドルは15回、陽線がついていることがわかる。これは、ニュージーランドが南半球にあるということがひとつの理由になっている。ほかの市場がある北半球の国とは季節が逆になるため、収穫の時期となり、輸出が増えることが要因だろう。

2002年〜2021年における月別月足の陽線・陰線の回数

通貨ペア		1月	2月	3月	4月	5月	6月	7月	8月	9月	10月	11月	12月
米ドル円	陽線	8	8	12	10	10	12	9	9	10	12	9	9
	陰線	12	12	8	10	10	8	11	11	10	8	11	11
ユーロ円	陽線	9	9	13	13	13	12	9	7	11	11	12	**15**
	陰線	11	11	7	7	7	8	11	13	9	9	8	5
ポンド円	陽線	10	9	**14**	**16**	10	**14**	8	6	12	13	13	13
	陰線	10	11	6	4	10	6	12	**14**	8	7	7	7
豪ドル円	陽線	9	13	9	13	10	12	10	6	11	**14**	12	12
	陰線	11	7	11	7	10	8	10	**14**	9	6	8	8
NZドル円	陽線	10	10	12	12	11	10	9	8	11	13	13	**16**
	陰線	10	10	8	8	9	10	11	12	9	7	7	4
カナダドル円	陽線	8	12	12	**15**	13	12	8	7	10	11	10	10
	陰線	12	8	8	5	7	8	12	13	10	9	10	10
スイスフラン円	陽線	9	10	12	10	**15**	12	7	8	11	11	12	**15**
	陰線	11	10	8	10	5	8	13	12	9	9	8	5
ポンド豪ドル	陽線	11	7	9	9	10	11	8	11	11	10	9	8
	陰線	9	13	11	11	10	9	12	9	9	10	11	12
ポンドNZドル	陽線	12	9	10	12	9	9	7	11	9	7	10	8
	陰線	8	11	10	8	11	11	13	9	11	13	10	12
ポンドカナダドル	陽線	13	9	6	11	8	11	10	4	8	13	12	12
	陰線	7	11	**14**	9	12	9	10	**16**	12	7	8	8
ポンドスイスフラン	陽線	13	6	8	**15**	11	8	9	6	9	11	8	7
	陰線	7	**14**	12	5	9	12	11	**14**	11	9	12	13
ユーロ米ドル	陽線	8	9	11	10	8	11	10	8	9	10	9	**14**
	陰線	12	11	9	10	12	9	10	12	11	10	11	6
ポンド米ドル	陽線	11	9	9	**16**	6	12	9	6	9	13	9	9
	陰線	9	11	11	4	**14**	8	11	**14**	11	7	11	11
豪ドル米ドル	陽線	9	**15**	9	12	8	13	12	4	11	13	9	10
	陰線	11	5	11	8	12	7	8	**16**	9	7	11	10
NZドル米ドル	陽線	10	11	9	12	9	12	12	7	11	11	9	**15**
	陰線	10	9	11	8	11	8	8	13	9	9	11	5
米ドルカナダドル	陽線	**14**	7	8	6	8	9	9	12	9	10	13	8
	陰線	6	13	12	**14**	12	11	11	8	11	10	7	12
米ドルスイスフラン	陽線	11	11	8	10	9	6	11	10	12	9	9	7
	陰線	9	9	12	10	11	**14**	9	10	8	11	11	13
NZドルカナダドル	陽線	12	12	12	7	7	9	10	5	11	**15**	10	**16**
	陰線	8	8	8	13	13	11	10	**15**	9	5	10	4
NZドルスイスフラン	陽線	10	10	11	13	10	11	12	8	**14**	12	10	9
	陰線	10	10	9	7	10	9	8	12	6	8	10	11
南アフリカランド円	陽線	6	12	10	10	9	11	9	6	11	11	**14**	13
	陰線	**14**	8	10	10	11	9	11	**14**	9	9	6	7

Dakarさんの
トレード手法

どんなトレードをする人？

✔ **よくトレードをする通貨ペア**

メジャー通貨を中心に動きのある通貨ペア

> 特定の通貨ペアに絞らず勢いのあるかでトレードする

✔ **トレードの期間**

短期（数秒〜数時間）

✔ **トレードのスタイル**

トレンド相場は順張り、レンジ相場は逆張り

チャートを見ているときにすべてのトレードを行う

臆病になりがちであるため、あまり長い時間ポジションを持ちたくないと考えている。そのため、小さな値幅をスキャルピングトレードで抜いていくことが基本となる。

兼業のためポジションをホールドしたまま出社することは避けたいので、自分がチャートを見ているときにすべてのトレードを終えるようにしている。例えば、朝エントリーしてそのまま出社するなど放置することはない。

短い時間のトレードで利益を出すには相場に「動きがある」ことが重要。なので、複数の通貨ペアから特に動きのある通貨ペアを探し、集中してトレードを行っている。

材料の出ている 通貨を探す

異なる通貨ペアの週足で似ているチャートを探す

　私の場合、ひとつの通貨ペアにつき、15分足、4時間足、週足のチャートを表示させ（下図参照）、エントリーポイントを探っている。

　通貨ペアを決めるには、まず週足で動きの似ているチャートを探すのだ。下図ではユーロ米ドルとポンド米ドルが似ていることがわかる。その理由は、2つに共通している通貨の影響を受けていると考えられることから、米

ドルに材料が出ていると推測できる。

　そこで、米ドルを含む通貨ペアに絞り、エントリーポイントを探す。次に週足全体を見て流れを把握、4時間足→15分足のチャートを見て直近の動きを掴む。週足で似ていたユーロ米ドルとポンド米ドルも、期間を変えれば形は変わる。そして「潮目が変わりそうで勢いがある」と判断したら短期足でエントリーする。

Dakarさんの見ているチャート画面

15分足　　4時間足　　週足

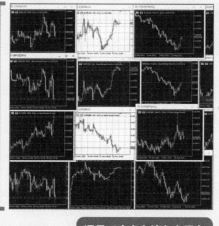

8つの通貨ペア×3つの時間軸、つまり24枚のチャートを確認してる※

同じ期間のチャートを縦に並べ、似た動きの通貨ペアを探す。ここではユーロ米ドルとポンド米ドルが似ている

週足で大きな流れを見たら、視点をずらして短期足の直近の動きを見る

※ここでは図版スペースの都合上、4つの通貨ペア×3つの時間軸（12枚のチャート）のみを表示

相場によって
利確を使い分ける

トレンド相場では刻んで確実に利益を出す

イグジットは相場によって「刻み」と「全利確」を使い分けている。刻みとは、何回かに細かく分けて利確することだが、主にトレンド相場で利用している。トレンドがいつ終わるかは誰にもわからないため、節目だと思われるタイミングで少しずつ利確を行うのだ。例えば、100ロット持っているとしたら、10ロットずつ10回、20ロットずつ5回などと分ける。100ロット分すべてを高値で利確することはできないが、確実に利益を出しながらリスクヘッジもできる。

全利確は、保有するポジションすべてを一気に利確することで、レンジ相場で利用する。例えば、RSIを使ううまく勝ち続けていたとする。そんなときでも、経済指標の発表で大きくチャートが動く可能性があるため、発表直前に全利確を行う。

トレンドでは刻んで利確する
[米ドル円　5分足　2023年2月3日]

キリのよいラインに達したら
小まめに利確する

確実に利益を重ね、不意な急落、
急騰による損失の拡大を防げる

過去水準から ラインを決める

過去水準を突破したらリスクリワードレシオに切り替え

　損切りとは、予想に反した方向に相場が動いたときに行うことで、損切りラインの検討は難しい問題だ。しかし、過去のチャートなどを見返すと「この水準でよくレンジ相場が続く」というラインがよくある。その水準までは価格が下がる（もしくは上がる）と考えられるため、その水準を損切りラインとして活用する。

　しかし、価格がすでに過去水準を突破しており、過去水準を損切りラインとして活用できないこともある。その場合は、リスクリワードレシオで損切りラインを考える。エントリーと利確目標は決まっているため、その差に対して損切りラインを決めるのだ。例えば、リスクリワード1.2の場合、エントリーポイントと利確の差にたいして0.8をかける。その分、下げたところを損切りラインと考える。

ユーロ米ドルの過去チャート
[ユーロ米ドル　15分足　2023年1月16日〜21日]

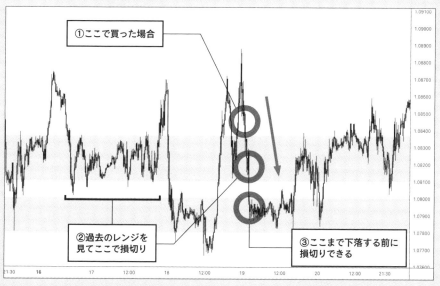

①ここで買った場合

②過去のレンジを見てここで損切り

③ここまで下落する前に損切りできる

リスクリワードレシオ　▶ 利益と損失の比率。損失に対し、どれほど利益にしているかを数値化している

真似したくなるトレーダーのワザ②

ポンド戦士

もちぽよさんのトレード手法

どんなトレードをする人？

✔よくトレードをする通貨ペア

ポンド円、ポンドドル

さまざまな期間でチャートを確認し相場に応じて期間を変更する

✔トレードの期間

基本はスキャルピングトレード～スイングトレード（長期も行う）

✔トレードのスタイル

順張り、逆張り

自分で信頼できるルール（根拠）でトレードを続ける

自分のルールを変えずにトレードをする。例えば、円安が続いているからといってテクニカルが使えなくなるわけでもなければ、円安が止まったからテクニカルが使えなくなるわけでもない。自分のルールにしたがってトレードをしていくのみ。

基本的には「ダウ理論」と「グランビルの法則」にしたがって売買しているが、それだけでは勝てないこともしばしば。そのため、「RCI」と「MACD」で情報を補い、勝率を上げている。1時間足や4時間足を中心に、複数の時間足を見て売買サインを確認することが多い。

（ エントリーの手法 ）

RCIとMACDの両方を見て ポイントを探る

サインは2つに絞ってわかりやすくする

ダウ理論（テクニック036参照）と グランビルの法則（テクニック059参 照）を基軸にしつつ、RCI（テクニッ ク071参照）とMACD（テクニック 063参照）を見てエントリーポイント を探す。RCIは相場の買われすぎ、売 られすぎがわかるインジケーターで、 MACDは相場の周期とタイミングを 捉える指標だ。どちらかひとつだけで はダマシに遭う可能性が高いため、2

つのインジケーターを使う。

例えば、下落から上昇の反転を狙う 場合、価格が直近の高値か安値に到 達、または更新したときに注目する。 そのとき、RCIが上限か下限に達し、 MACDでダイバージェンスやヒドゥ ンダイバージェンスが成立していれ ば、上昇トレンドができやすいためエ ントリー。高い確率で反発すると考え られるだろう。

RCIとMACDでダイバージェンスが見えたら買いエントリー

［英ポンド米ドル　1時間足　2022年4月～5月］

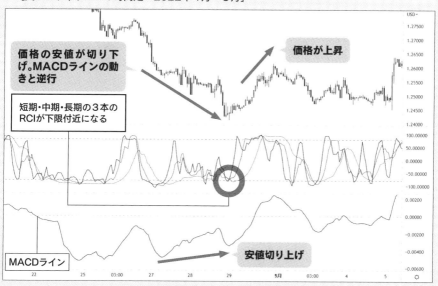

価格の安値が切り下げ。MACDラインの動きと逆行

短期・中期・長期の3本のRCIが下限付近になる

価格が上昇

MACDライン

安値切り上げ

ダイバージェンス　　▶　値動きとオシレーター系のテクニカル指標と逆行する現象。テクニック093参照

229

レンジ相場で使える MACDのダイバージェンス

レンジ相場で使えるテクニック

複数の時間足のチャートとMACDを参考にしている。例えば、レンジ相場では「上限で売り、下限で買い戻す」か「下限で買い、上限で売る」が基本のトレードとなる。ただし、上限または下限に達した後、そのままブレイクして上昇または下落する可能性も考えられる。いわゆるダマシだ。そのとき、値動きの見極めに役立つのがMACDのダイバージェンスだ。

大きい時間足のチャートではシンプルな山（もしくは谷）を描くトレンド転換になっていても、短期間のチャートにすると複雑に上下しながら推移していることがわかるだろう。そこでMACDを表示させ、ダイバージェンスが確認できれば利確するのだ。トレンド相場では、ダウ理論（テクニック036参照）などをもとにトレンドが崩れたら利確する。

ダイバージェンスの動き

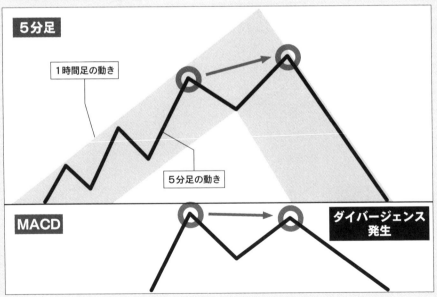

5分足

1時間足の動き

5分足の動き

MACD

ダイバージェンス発生

節目の価格と指標を組み合わせて
相場に合わせた基準を設定する

相場によって臨機応変に損切りラインを変える

損切りは、節目となる価格帯や過去の高値または安値を参考にしつつ、RCIとMACDを使用して判断する。

損切りラインを一定の下げ幅に決めると、ムダな損失を出してしまうことが多い。そのため、相場によって損切りラインを変えることが重要だ。

具体的な損切りの手法は以下の3つに分けられる。①トレンド相場で押し目買い、戻り売りを狙っていた場合

は、移動平均線を突破したところで損切り。②押し目買い、戻り売りで直近の安値や高値を損切りの目安にする場合、直近の安値または高値を少し突破したところ。③逆張りでダブルトップの反転を狙うも上昇した場合、ダブルトップの上値からネックラインまで半値上昇したら損切り。ダブルトップにおける損切りは、その反対となる。

直近の安値を損切りの基準にする場合

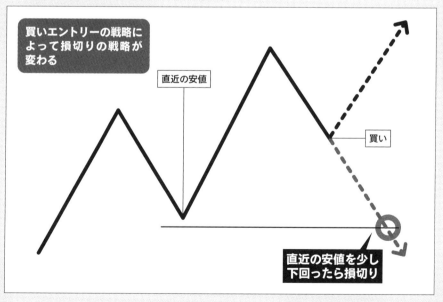

買いエントリーの戦略によって損切りの戦略が変わる

直近の安値

買い

直近の安値を少し下回ったら損切り

平野さんの トレード手法

どんなトレードをする人？

✓ よくトレードをする通貨ペア

ユーロ米ドル、ポンド米ドル、豪ドル米ドル

✓ トレードの期間

スキャルピングトレード、スイングトレード

✓ トレードのスタイル

順張り

ダマシの少ないインジケーターでシンプルなトレードを行う

自分で開発したインジケーター「平均足トレンドアイ」とそのほかのインジケーターを組み合わせて活用し、トレードしている。

平均足トレンドアイとは、変動幅（ボラティリティ）などを考慮した計算式によって開発したインジケーターで、テクニカル上のダマシも少ない。

エントリー、利確、損切りにいたるまで活用している。

トレードの期間はスキャルピングトレードかスイングトレードが多く、1分足〜1時間足まで幅広い時間足でトレードする。そして、いずれの期間であっても順張りだ。

※平均足トレンドアイの入手方法や詳細については平野氏のホームページを参照（https://trade-s-room.com/?page_id=33）

オリジナルインジケーターと移動平均線を組み合わせる

動きが活発な時間帯、通貨ペアを狙う

相場が大きく動きやすい時間帯に、一定の条件を満たした通貨ペアを狙っている。相場が大きく動きやすい時間帯とは、日本時間9時〜11時、16時〜19時、22時〜24時だ。そして条件とは、①期間7のRSIが50以上になる、②期間14のストキャスティクスが50以上になることだ。

具体的なエントリーポイントは、自分で開発したオリジナルインジケーターの「平均足トレンドアイ」と、移動平均線を用いて決める。ただし、ここでは平均足トレンドアイの代わりに、平均足（テクニック062参照）を用いて説明をする。具体的には、期間45の移動平均線の上で、平均足が陽線転換したら上昇トレンドが形成されやすいため、買いサインと見ている。

平野さんのエントリーポイント
[ポンド円　5分足　2023年1月19日]

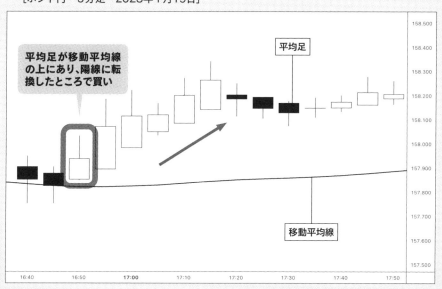

平均足が移動平均線の上にあり、陽線に転換したところで買い

平均足

移動平均線

実体がマークか移動平均線を
割ったら売りと見る

エントリーと同じテクニカルを見る

エントリーポイントを決める2つのテクニカルを引き続き使用して、利確ポイントを決める。

ルールはシンプルだ。①ローソク足がオリジナルインジケーターの平均足トレンドアイの実体（終値）を割れたら、②平均足が移動平均線を下回ったらの2つだ。これは、どちらか一方の状態になったタイミングで利確する。

例えば、下図のように下ヒゲがロー

ソク足を割ってもまだ持っていて問題ない。しかし、実体がマークを割った時点で売りサインと見る。このとき、期間45の移動平均線を上回っていても必ず売ることが大事。

また、実体が割れていなくても、期間45の移動平均線を割ったら売りサインと見る。普通の平均足を使用している人はこちらの条件で試していただきたい。

平均足トレンドアイの見方
[ユーロ円　5分足　2022年12月3日]

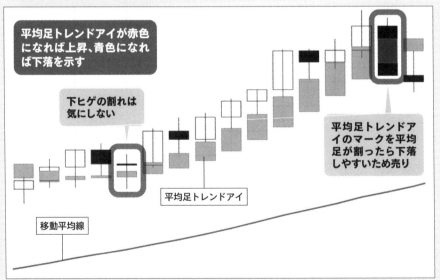

平均足トレンドアイが赤色になれば上昇、青色になれば下落を示す

下ヒゲの割れは気にしない

平均足トレンドアイ

平均足トレンドアイのマークを平均足が割ったら下落しやすいため売り

移動平均線

マークの色が変わったら
すぐに損切りする

マークの色が変わったら損切り

損切りにおいてもオリジナルインジケーターの平均足トレンドアイと期間45の移動平均線を使用していく。

まず前提として、移動平均線が下を向いているということは、下落基調にあるということだ。そのなかで、平均足トレンドアイのマークの色が変わったところで損切りを入れている。

例えば、買いポジションをとった場合、建てた足から過去2本前の安値ま

たは実体部のどちらか安いほうに損切りラインを置く。そうすると、損する値幅は直近の高値から終値までの間ということになる。

また、平均足トレンドアイのマーカーが青の地点で買ったにも関わらず、すぐに色が反転してしまった場合も損切りの対象となる。

平均足トレンドアイで損切りポイント決める
[ユーロ円　5分足]

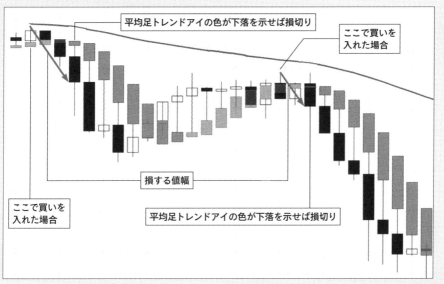

平均足トレンドアイの色が下落を示せば損切り

ここで買いを入れた場合

損する値幅

ここで買いを入れた場合

平均足トレンドアイの色が下落を示せば損切り

川崎ドルえもんさんの トレード手法

どんなトレード をする人?

✓ **トレードの期間**

中長期（数時間〜1日で決済するスイング）

✓ **トレードのスタイル**

順張り

✓ **独自の分析**

アノマリーや時間管理も重視

> 通貨ペアごとに 月別アノマリーを 算出している!

スイングトレードからデイトレードへ

トレンドが上昇しているときに買い、逆に下落しているときには売る順張りでトレードをしている。基本的にスイングトレードを行っており、数日から2週間程度持つことが多いが、最近では数時間だけもつデイトレードに取引戦略も行うようになった。ここでは従来のスイングで解説する。

長期で保有すると、急な出来事に対応しづらいためだ。例えば、新型コロナウイルスが流行ったことで、為替が大きく動くとは誰も想像していなかった。将来的な予測はできないため、その日のチャートを見ながら、「上下どちらの方向に動くのか」をその日ごとで判断している。

200ボリンジャーバンドと平均足を活用

数字を大きくすればダマシを回避できる

チャートに上期間200の移動平均線だけを表示してトレードする人は多いが、私は日足チャートにボリンジャーバンド（テクニック092参照）を使う。ボリンジャーバンドは200に設定するのがポイントだ。トレードをしていれば、誰もがダマシにあうことは避けられない。一般的に、20のボリンジャーバンドが使われるが、あえて線がなだらかな200に設定してダマシを減らしている。

そのボリンジャーバンドに組み合わせるのが、平均足だ。これを使えば、色が一方通行になりやすくトレンドの見極めがしやすい。

平均足で3本連続陽線が出れば、上昇トレンドの開始と考えられる。そのため、陽線が3本連続して出た段階でエントリーしたい。

期間が200のボリンジャーバンド
[豪ドルNZドル　日足　2022年8月22日〜10月26日]

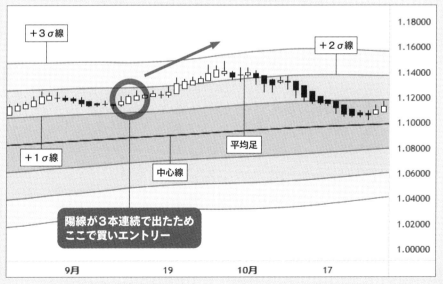

平均足の転換と前回の高値・安値を確認する

高値や安値を更新したら損切り

決済の基準は、高値や安値、そして平均足の転換で考える。前回の高値で損切りすれば損切り幅を小さくできる。平均足を使って損切りする場合は、トレンドと逆方向の足が付いたら反転の可能性があるため損切りする。

下図のように、ボリンジャーバンドの＋2σ付近で平均足の陰線が付いており、ここで売りポジションを入れることになる。しかし、実際には反転し

て陽線が付き、再上昇をし始めたため、損切りすることになった。

トレーダーのなかには、損切りばかりになると悩む人も少なくないはずだ。対策として「経験で不安を解消していくこと」が欠かせない。ある程度損切りは許容しつつ、損切りする位置はあらかじめ決め、機械的に行うことができれば「損切り貧乏」の対策になるだろう。

損切りの判断例
[ユーロNZドル　日足　2022年9月〜12月]

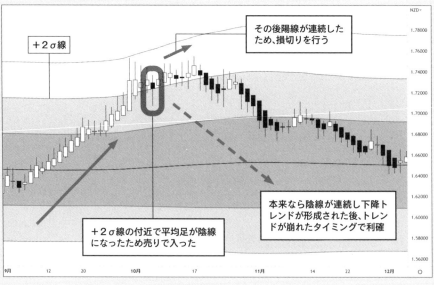

+2σ線

その後陽線が連続したため、損切りを行う

+2σ線の付近で平均足が陰線になったため売りで入った

本来なら陰線が連続し下降トレンドが形成された後、トレンドが崩れたタイミングで利確

損切りと利益確定のレートを判断する

利益と損切りの幅を考える

ローソク足で価格を見ると上昇トレンドの途中で陰線が付くため、誤って損切りの選択をしてしまいやすい（下左図）。そうしたミスをなくすために、平均足で大きめのトレンドを見ていくとよい（下右図）。

このスタイルを基本とし、損切りと利益確定のレートを決めておこう。大切なのは、勝率と、利益と損切りの幅の管理だ。たとえ勝率が悪くても利益を伸ばせば、負ける回数もそれなりに多いが利益は積み上がっていく。

常に勝つことを1番の目標にすることは避け、資金を管理していきたい。初心者は勝つことを重要視しがちだが、資産をきちんと管理をすることがトレーダーのプロになる最初のコツといえる。平均足でトレンドを掴みつつ、勝率は6割、リスクリワードは、1：1.8以上を目指していこう。

リスクリワードをもとに損切りする際のイメージ

[豪ドルNZドル　1時間足　2022年12月21日〜23日]

ローソク足	陰線と陽線が入り混じり、判断が難しい

平均足	陽線・陰線が連続して表示され、トレンドを掴みやすい

上昇トレンド

上昇トレンド中に陰線が混じるため、損切りの判断に迷いが生じやすい

1.054 NZドルで買いを入れた場合

利確ライン

1.8

1

損切りライン　買いを入れた価格

FXの稼ぎ技　～日米金利動向編～

2023年2月28日　発行

編集	榎元彰信・花塚水結・神宮遥
	（株式会社ループスプロダクション）
カバーデザイン	ili_design
本文デザイン・DTP・図版作成	竹崎真弓（株式会社ループスプロダクション）
校正	伊東道郎
制作にご協力いただいた識者・トレーダー	陳満咲杜／江守哲
	もちぽよ／ Dakar ／川崎ドルえもん／平野朋之
再掲載テクニック提供識者・トレーダー	竹内のりひろ／田向宏行／松田遼司

発行人	佐藤孔建
編集人	梅村俊広
発行・発売	〒160-0008
	東京都新宿区四谷三栄町12-4 竹田ビル3F
	スタンダーズ株式会社
	TEL：03-6380-6132
印刷所	中央精版印刷株式会社
e-mail	info@standards.co.jp

https://www.standards.co.jp/

●本書の内容についてのお問い合わせは、下記メールアドレスにて、書名、ページ数とどこの箇所かを明記の上、ご連絡ください。ご質問の内容によってはお答えできないものや返答に時間がかかってしまうものもあります。予めご了承ください。
●お電話での質問、本書の内容を超えるご質問などには一切お答えできませんので、予めご了承ください。
●落丁本、乱丁本など不良品については、小社営業部(TEL:03-6380-6132)までご連絡ください。

Printed in Japan

【お読みください】

FX（外国為替証拠金取引）は、元本の補償がない損失が発生するリスクを伴う取引です。
本書は情報の提供を目的としたもので、その手法や知識について勧誘や売買を推奨するものではありません。
本書で解説している内容に関して万全を期しておりますが、その情報の正確性及び完全性を保証するものではありません。
製作、販売、および著者は、本書の情報による投資の結果に責任を負いません。
実際の投資にはご自身の判断と責任でご判断ください。